한자로 익히는
중급 일본어

일본어 한자, 이제는 쉽게 배우자!

한자로 익히는
중급 일본어

어문학사

머리말

본서의 초판본인 『한자용어로 배우는 일본어』가 출판된 지도 어느덧 7년이라는 세월이 흘렀다. 이 책은 초급이나 중급 수준의 일본어 학습자가 한자를 효율적으로 익힐 수 있도록 고안된 학습서이다. 그러나 실제 현장에서 학생들을 가르치는 과정에서, 특히 초급 수준의 학습자가 접근하기에는 내용이 다소 어렵다는 고충을 듣게 되었다. 그래서 일본학과 교수진은 초급 수준의 학습자가 큰 부담 없이 단기간에 효율적으로 일본어 한자를 익힐 수 있는 교재를 따로 마련할 필요성을 느꼈다. 몇 차례의 기획 회의와 집필, 검토 과정을 거친 끝에 2007년에 『키워드로 배우는 일본어 한자』를 출판하였다. 그러나 여전히 학습 현장에서는 『키워드로 배우는 일본어 한자』에 대해서도 부담스럽다는 반응이 있었다.

일본학과 교수진이 학습자들의 고충을 짐작하면서도 『한자용어로 배우는 일본어』나 『키워드로 배우는 일본어 한자』에서 어느 정도 수준 높은 한자 용어를 채택한 데에는 그 나름대로의 이유가 있다. 그것은 실제 상황에서 즉시 활용할 수 있는 현장감 있는 일본어 한자를 익히도록 하기 위해서이다. 쉬운 내용의 교재가 학습 동기를 유발하는 데에는 효과적일 수 있지만 학습 결과를 현장에서 활용해 보고픈 학습자들에게는 도리어 실망감만 안겨줄 수 있다. 다소 어려움을 느낄 수도 있지만 풍부한 내용으로 구성된 좋은 교재를 선택하여 인내심을 가지고 학습한다면 성취감은 더욱 클 것이다.

이와 같은 생각에서 대진대학교 교수진은 중급 수준의 학습자들이 단기간에 효율적으로 한자를 익힐 수 있는 교재를 지속적으로 만들어 가기로 하였다. 그 첫 번째 작업으로 이번에 내놓은 『한자로 익히는 중급 일본어』는 구성면에서 『한자용어로 배우는 일본어』와 유사하다. 그러나 표제어와 예문을 대폭 손질함으로써 보다 현장감 있는 한자 학습이 가능하도록 보완하였다. 또한 정보, 종교, 역사, 교육 관련 용어를 대폭 수정하였으며, 특히 취업 활동과 관련된 내용을 새롭게 추가함으로써, 학습자들의 다양한 요구 사항을 최대한 반영시키고자 노력하였다.

이 책을 선택해 학습한 학습자들은 실제 현장에서 거침없이 한자를 활용하는 스스로의 모습에 놀랄 것이라고 확신한다. 우리 일본학과 교수진은 앞으로도 일본어 교육을 위한 공동 연구를 게을리 하지 않을 것이며, 새로운 교재를 만드는 데에도 최선을 다할 것이다.

2012년 12월

저자 일동

이 책의 구성과 특징

360개의 필수단어로 쉽게 배우자!

> 1　社会　【名】しゃかい
> 　　　　　人間が集まって生活を営むその集団。世の中。
> 　　　　　[縦(たて)ー・ー問題(もんだい)]
>
> 360　見本　【名】みほん
> 　　　　　全体の質・状態の実例の代表として人に知らせる
> 　　　　　ための現物。サンプル。

일본어 한자에 어려움을 느끼는 중급 학습자들을 위해 자주 쓰이는 360개의 단어를 엄선하여 이 책을 학습함으로써 한자에 대한 두려움을 없앨 수 있다. 또 각각의 한자들은 일본어에서 기본이 되는 단어들로 일본어 한자의 기초를 다질 수 있다.

豊富한 예문과 연습문제를 통해 한자를 연습하자!

> 　　　　　ある事柄に関して伝達・入手されるデータの内容。
> 　　　　　[気象(きしょう)ー・ー化社会(かしゃかい)]
>
> 　　例文　① インターネットなどの**情報**手段を活用する。
> 　　　　　　(인터넷 등의 정보 수단을 활용한다.)
> 　　　　　② IT社会では個人**情報**の保護が重要だ。
> 　　　　　　(IT사회에서는 개인 정보의 보호가 중요하다.)

단어마다 예문을 실어 한자 단어가 어떤 형태로 활용되는지 쉽게 이해할 수 있다. 또 연습문제를 통해 단어를 한 번 더 복습하도록 함으로써 학습 효과를 높였다.

日本語 뜻풀이로 단어의 의미를 정확히 이해하자!

> 130 宣伝 【名】【動】せんでん
> そのものの存在・良さなどを大衆に分かるように説明
> して広めていくこと。
> ［自己（じこ）－・－文句（もんく）］

학습자에게 단어의 의미를 보다 정확하게 전달하기 위해 일본어로 뜻을 풀이했다.
뜻풀이는 기본적인 일본어로 구성되어 있어 손쉽게 해석이 가능하고, 단어의 정확한
의미를 이해할 수 있도록 도움을 준다.

主題別학습으로 쉽게 외우고
五十音図순으로 단어를 쉽게 찾자!

주제별 단어 학습은 연상 작용을 통해 보다 손쉽게 암기할 수 있고, 기억에 오래 남도
록 도움을 준다. 또 본문 단어를 오십음도순으로 정리하여 수록했기 때문에 사전처럼
쉽게 단어를 찾을 수 있다.

차례

머리말 4
이 책의 구성과 특징 6

1 社会（Ⅰ）（Ⅱ）　18/23
2 政治/法律　29/35
3 国際/軍事　41/47
4 経済/金融　53/59
5 産業/労働　65/71
6 交通/情報　77/83
7 科学/環境　89/95
8 医療・福祉/教育・スポーツ　101/107
9 文化・宗教/芸術　113/119
10 文学・言語/歴史　125/131
11 キャンパス用語（Ⅰ）（Ⅱ）　137/143
12 就活用語/ビジネス用語　149/155

練習問題　162
解答　190
本文単語　196

차례의 세부 항목
—360개 단어—

주제어마다 포함되어 있는
15개의 세부 한자어들을 먼저 살펴보자

❶ 社会（Ⅰ）（Ⅱ）

社会（Ⅰ）

1 社会
2 生活
3 暮らし
4 市民
5 人口
6 世帯
7 首都
8 地域
9 都市
10 地方
11 市街
12 世論
13 格差
14 平均
15 水準

社会（Ⅱ）

16 家庭
17 家族
18 男女
19 結婚
20 離婚
21 出産
22 出生
23 子育て
24 少子化
25 夫婦
26 親子
27 家計
28 家事
29 戸籍
30 住民

❷ 政治／法律

政治

31 政治
32 行政
33 議会
34 国会
35 議員
36 政府
37 内閣
38 首相
39 選挙
40 投票
41 政党
42 政策
43 官僚
44 自治
45 知事

法律

46 法律
47 憲法
48 改正
49 人権
50 権利
51 義務
52 税／税金
53 治安
54 事件
55 警察
56 裁判
57 弁護
58 判決
59 有罪／無罪
60 刑／刑罰

③ 国際／軍事

国際

- 61 国際
- 62 国家
- 63 領土
- 64 国境
- 65 国交
- 66 外交
- 67 条約
- 68 交流
- 69 友好
- 70 同盟
- 71 協調
- 72 協力
- 73 両国
- 74 首脳
- 75 公式

軍事

- 76 軍事
- 77 平和
- 78 防衛
- 79 自衛
- 80 国防
- 81 戦争
- 82 軍備
- 83 武力
- 84 核兵器
- 85 基地
- 86 侵略
- 87 中立
- 88 内戦
- 89 紛争
- 90 難民

④ 経済／金融

経済

- 91 経済
- 92 需要
- 93 供給
- 94 景気
- 95 好況／不況
- 96 自由
- 97 資本
- 98 企業
- 99 経営
- 100 貿易
- 101 関税
- 102 輸出／輸入
- 103 赤字／黒字
- 104 消費
- 105 統計

金融

- 106 金融
- 107 財政
- 108 物価
- 109 通貨
- 110 円高／円安
- 111 市場
- 112 売買
- 113 為替
- 114 株式
- 115 証券
- 116 資金
- 117 投資
- 118 収支
- 119 利益
- 120 利子

⑤ 産業/労働

産業

121	産業
122	生産
123	自給
124	農産/水産
125	製造
126	製品
127	商品
128	流通
129	販売
130	宣伝
131	経費
132	価格
133	代金
134	売上
135	省エネ

労働

136	労働
137	職業
138	就職
139	社員
140	求人
141	雇用
142	解雇
143	退職
144	失業
145	残業
146	休暇
147	転勤
148	賃金
149	給料
150	組合

⑥ 交通/情報

交通

151	交通
152	輸送
153	貨物
154	鉄道
155	新幹線
156	地下鉄
157	航空
158	空港
159	高速
160	渋滞
161	往復
162	片道
163	運賃
164	乗客
165	駐車

情報

166	情報
167	通信
168	報道
169	記事
170	取材
171	記録
172	出版
173	印刷
174	放送
175	番組
176	視聴率
177	入力
178	送信/受信
179	検索
180	掲示板

❼ 科学／環境

科学

- 181 科学
- 182 観察
- 183 実験
- 184 理論
- 185 技術
- 186 開発
- 187 電子
- 188 原子力
- 189 放射能
- 190 生命
- 191 細胞
- 192 遺伝
- 193 免疫
- 194 宇宙
- 195 衛星

環境

- 196 環境
- 197 自然
- 198 資源
- 199 地球
- 200 生態
- 201 公害
- 202 気象
- 203 予報
- 204 温暖
- 205 酸性
- 206 海洋
- 207 大陸
- 208 砂漠
- 209 地震
- 210 洪水

❽ 医療・福祉／教育・スポーツ

医療・福祉

- 211 医療
- 212 救急
- 213 診察
- 214 看護
- 215 患者
- 216 死亡
- 217 健康
- 218 保健
- 219 福祉
- 220 介護
- 221 障害
- 222 高齢
- 223 老人
- 224 保険
- 225 年金

教育・スポーツ

- 226 教育
- 227 教養
- 228 知識
- 229 学習
- 230 児童
- 231 心理
- 232 人間
- 233 生涯
- 234 体育
- 235 運動
- 236 選手
- 237 競技
- 238 試合
- 239 練習
- 240 応援

⑨ 文化・宗教／芸術

文化・宗教

- 241　文化
- 242　伝統
- 243　芸能
- 244　遺産
- 245　国宝
- 246　保存
- 247　民族
- 248　風土
- 249　風俗
- 250　固有
- 251　宗教
- 252　思想
- 253　仏教
- 254　神道
- 255　儒教

芸術

- 256　芸術
- 257　作品
- 258　対象
- 259　表現
- 260　創造
- 261　想像
- 262　美術
- 263　絵画
- 264　音楽
- 265　作曲
- 266　演劇
- 267　舞台
- 268　歌舞伎
- 269　能
- 270　映画

⑩ 文学・言語／歴史

文学・言語

- 271　文学
- 272　小説
- 273　随筆
- 274　詩
- 275　和歌
- 276　俳句
- 277　古典
- 278　翻訳
- 279　言語
- 280　外来語
- 281　題材
- 282　描写
- 283　解釈
- 284　批評
- 285　評論

歴史

- 286　歴史
- 287　東洋／西洋
- 288　文明
- 289　人類
- 290　先祖
- 291　伝来
- 292　神話
- 293　古墳
- 294　天皇
- 295　封建
- 296　幕府
- 297　武士
- 298　鎖国
- 299　資料
- 300　文献

⑪ キャンパス用語（Ⅰ）（Ⅱ）

キャンパス用語（Ⅰ）

- 301　願書
- 302　入試
- 303　受験
- 304　合格
- 305　専攻
- 306　授業
- 307　講義
- 308　実習
- 309　教科
- 310　必修
- 311　選択
- 312　科目
- 313　履修
- 314　申請
- 315　単位

キャンパス用語（Ⅱ）

- 316　成績
- 317　評価
- 318　進級
- 319　留年
- 320　理系／文系
- 321　教授
- 322　講師
- 323　指導
- 324　先輩／後輩
- 325　卒論
- 326　合宿
- 327　奨学
- 328　学割
- 329　寮
- 330　合コン

⑫ 就活用語／ビジネス用語

就活用語

- 331　人事
- 332　採用
- 333　志望
- 334　履歴
- 335　経歴
- 336　身上
- 337　資格
- 338　免許
- 339　書類
- 340　面接
- 341　適性
- 342　人柄
- 343　縁故
- 344　内定
- 345　研修

ビジネス用語

- 346　商談
- 347　取引
- 348　契約
- 349　出張
- 350　営業
- 351　企画
- 352　事務
- 353　報告
- 354　在庫
- 355　注文
- 356　購入
- 357　納期
- 358　単価
- 359　品質
- 360　見本

본문 학습
―한자의 뜻풀이·품사 구분·예문―

이제부터 키워드 한자들을 본격적으로 공부해 보도록 하자
15개의 세부 한자어들은 실제 생활에서 매우 자주 쓰이는 고급
한자 용어이므로 익혀두면 반드시 유용하게 쓰일 것이다

Part 1 (1~15) 社会(1)

1 社会 【名】しゃかい

人間が集まって生活を営むその集団。世の中。
[縦(たて)ー・ー問題(もんだい)]

例文 ① 現代**社会**はさまざまな問題をかかえている。
(현대사회는 여러 가지 문제를 안고 있다.)
② 大学を卒業したら、**社会**に出なければならない。
(대학을 졸업하면, 사회에 나가지 않으면 안 된다.)

2 生活 【名】【動】せいかつ

世の中で暮らしていくこと。
[学生(がくせい)ー・ー費(ひ)]

例文 ① 戦後、国民の**生活**水準が向上した。
(전후, 국민의 생활수준이 향상됐다.)
② 年金は老後の**生活**を保障してくれる。
(연금은 노후생활을 보장해준다.)

3 暮らし 【名】く(らし)

毎日を過ごしていくこと。生活。
[その日(ひ)ー・ー向(む)き]

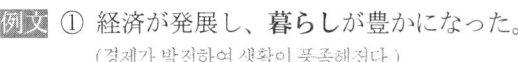

例文 ① 経済が発展し、**暮らし**が豊かになった。
(경제가 발전하여 생활이 풍족해졌다.)
　　② 仕事がないので、**暮らし**が立たない。
(일이 없어서 생활이 어렵다.)

4 市民 【名】しみん

その都市の住民。
［－運動(うんどう)・ソウル－］

例文 ① 私有の緑地が**市民**に開放された。
(사유녹지가 시민에게 개방되었다.)
　　② 組織的に**市民**運動を展開する。
(조직적으로 시민운동을 전개한다.)

5 人口 【名】じんこう

一定地域内の住民の数。
［ネット－・－密度(みつど)］

例文 ① 世界一、**人口**が多い国は中国である。
(세계에서 인구가 가장 많은 나라는 중국이다.)
　　② ソウルは**人口**密度が極めて高い。
(서울은 인구밀도가 매우 높다.)

6 世帯 【名】せたい

生計を共にする生活体。
［－主(ぬし)］

例文 ① 一人暮らしが増えると、**世帯**数も増加する。
(독신생활이 증가하면 세대수도 증가한다.)

② 私の家では父が**世帯**主です。
(우리 집에서는 아버지가 세대주입니다.)

7 首都 【名】しゅと
その国の中央政府のある都市。首府。
[－圏(けん)]

例文 ① **首都**東京は日本の政治、経済の中心地である。
(수도 도쿄는 일본의 정치, 경제의 중심지이다.)
② 10年後には、**首都**機能を移転する計画だ。
(10년 후에는 수도 기능을 이전할 계획이다.)

8 地域 【名】ちいき
ある観点から見たひとまとまりのものとして他と区別されるかなり広い土地。
[戦闘(せんとう)－・－社会(しゃかい)]

例文 ① **地域**住民の意見を行政に反映してほしい。
(지역 주민의 의견을 행정에 반영했으면 좋겠다.)
② 防災**地域**の見直しが必要になった。
(재난 방지 지역의 재검토가 필요하게 되었다.)

9 都市 【名】とし
人が多く集まり、政治・経済・文化の中心になっている所。都会。
[国際(こくさい)－・－計画(けいかく)]

例文 ① 新しい**都市**計画が発表された。
(새로운 도시계획이 발표되었다.)

② ローマには古代**都市**の遺跡が多い。
(로마에는 고대도시의 유적이 많다.)

10 　地方　【名】ちほう

首都及びそれに準じる大都市以外の地域。田舎。
[関西(かんさい)－・－自治体(じちたい)]

例文 ① 私の生まれ故郷は東北**地方**の仙台である。
(내가 태어난 고향은 도호쿠 지방의 센다이이다.)
② 最近、**地方**分権がしきりに叫ばれている。
(최근, 지방분권이 거듭 주장되고 있다.)

11 　市街　【名】しがい

都市などで家屋が立ち並んでいる地域。
[－地(ち)・－戦(せん)]

例文 ① 地方都市の**市街**地は衰退傾向にある。
(지방도시의 시가지는 쇠퇴하는 경향이다.)
② **市街**戦によって、町は破壊された。
(시가전에 의해 도시는 파괴되었다.)

12 　世論　【名】よろん・せろん

それぞれの問題についての世間の人の考え。
[－調査(ちょうさ)]

例文 ① 憲法改正の**世論**が高まりつつある。
(헌법개정의 여론이 높아져 가고 있다.)
② NHKが**世論**の動向を調査する。
(NHK가 여론동향을 조사한다.)

13 格差 【名】かくさ

平等が期待されるものの間に現実に存在する高低・上下の開き。
[所得(しょとく)－・－社会(しゃかい)]

例文 ① あらゆるところで**格差**社会が現実化している。
(모든 면에서 격차 사회가 현실화되고 있다.)
② 賃金**格差**を是正してほしい。
(임금 격차를 시정했으면 한다.)

14 平均 【名】【動】へいきん

ふぞろいのないこと。
[－気温(きおん)・－寿命(じゅみょう)]

例文 ① 今年の海苔は品質が**平均**している。
(올해의 김은 품질이 고르다.)
② 日本の女性の**平均**寿命は世界一である。
(일본 여성의 평균수명은 세계 제일이다.)

15 水準 【名】すいじゅん

地位・階級・品質・価値などの高さの標準。
[文化(ぶんか)－・－以上(いじょう)]

例文 ① 韓国のIT技術は世界一の**水準**に達している。
(한국의 IT기술은 세계 최고 수준에 달하고 있다.)
② 私の成績は学内でも**水準**以上だ。
(나의 성적은 학교 내에서도 수준 이상이다.)

Part 1　社会(II)
16~30

16　家庭　【名】かてい
生活を共にする家族の集まりの場所。
[－教育(きょういく)・－用品(ようひん)]

例文　① 私の理想は**家庭**的な男性と結婚することだ。
(나의 이상은 가정적인 남성과 결혼하는 것이다.)
② **家庭**教師のアルバイトは高収入を確保できる。
(가정교사 아르바이트는 고수입을 확보할 수 있다.)

17　家族　【名】かぞく
同じ家に住む夫婦・親子・兄弟など、近い血縁の人々。
[核(かく)－・－計画(けいかく)]

例文　① 私の**家族**は五人だ。
(나의 가족은 5명이다.)
② 昔に比べて、核**家族**が増えた。
(옛날에 비해서, 핵가족이 증가했다.)

18　男女　【名】だんじょ　※老若男女 ろうにゃくなんにょ
男と女。
[－差別(さべつ)・－共学(きょうがく)]

例文 ① 法律上は**男女**同権が規定されているが、まだまだ差別が残っている。
(법률상으로는 남녀동권이 규정되어 있지만, 아직 차별이 남아 있다.)

② 公立の小・中学校は**男女**共学である。
(공립 초・중학교는 남녀공학이다.)

19 結婚　【名】【動】けっこん
正式の夫婦関係を結ぶこと。
[恋愛(れんあい)－・－式(しき)]

例文 ① 友人の**結婚**を祝ってパーティを開く。
(친구의 결혼을 축하하여 파티를 연다.)

② **結婚**準備のため、お金を貯金している。
(결혼 준비를 위해 돈을 저금하고 있다.)

20 離婚　【名】【動】りこん
夫婦の関係を解消すること。
[熟年(じゅくねん)－]

例文 ① 近年、中高年の**離婚**が増えている。
(근래, 중・노년층의 이혼이 증가하고 있다.)

② **離婚**は結婚よりも難しい。
(이혼은 결혼보다 어렵다.)

21 出産　【名】【動】しゅっさん
子を産むこと。
[女児(じょじ)－]

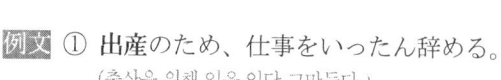

例文 ① 出産のため、仕事をいったん辞める。
(출산을 위해 일을 일단 그만둔다.)
② 実家に帰って出産する予定だ。
(친정에 가서 출산할 예정이다.)

22 出生 【名】【動】しゅっしょう・しゅっせい
子が生まれ出ること。誕生。
[－率(りつ)・－届(とどけ)]

例文 ① 日本も韓国も、年々、出生率が下がっている。
(일본도 한국도 해마다 출생률이 낮아지고 있다.)
② 役所に出生届を提出する。
(관청에 출생 신고서를 제출한다.)

23 子育て 【名】【動】こそだ(て)
子を育てること。育児。
[－支援(しえん)]

例文 ① 子育てに悩む女性が増えている。
(아이 양육 때문에 고민하는 여성이 늘고 있다.)
② 国や地方自治体の子育て支援が必要だ。
(나라와 지방 자치 단체의 어린이 양육 지원이 필요하다.)

24 少子化 【名】しょうしか
出生率の低下により、子どもの数が少なくなること。
[－問題(もんだい)・－対策(たいさく)]

例文 ① **少子化**が進むと、若い人の社会負担が大きくなる。
(저출산화가 진행되면 젊은층의 사회부담이 커진다.)

② 日本では**少子化**問題が深刻だ。
(일본에서는 저출산화 문제가 심각하다.)

25 夫婦 【名】ふうふ

結婚している一組の男女。
［おしどりー・ー仲(なか)］

例文 ① 日曜日には**夫婦**そろって出かけることが多い。
(일요일에는 부부가 함께 외출하는 일이 많다.)

② 子どもを保育園に預けて共働きをする**夫婦**が増えた。
(아이를 보육원에 맡기고 맞벌이를 하는 부부가 늘었다.)

26 親子 【名】おやこ

親と子。
［ー電話(でんわ)・ー丼(どん)］

例文 ① 休日は**親子**でスポーツを楽しむ。
(휴일은 부모와 아이가 스포츠를 즐긴다.)

② 芸能人のAさんは**親子**ほど年が違う女性と婚約した。
(예능인 A씨는 부모와 자식 정도로 나이 차이가 나는 여성과 결혼했다.)

27 家計 【名】かけい
一家の生活を維持する経済。一家の生計。
[－簿(ぼ)]

例文 ① 収入が減って**家計**が苦しい。
(수입이 감소하여 가계가 어렵다.)
② **家計**を支えるため、アルバイトを始めた。
(가계를 유지하기 위해, 아르바이트를 시작했다.)

28 家事 【名】かじ
家庭生活を営むためのいろいろな仕事。掃除・炊事・洗濯・育児など。
[－労働(ろうどう)・－手伝(てつだ)い]

例文 ① 家族が多いので、毎日**家事**に追われている。
(가족이 많아서 매일 가사에 쫓기고 있다.)
② 仕事と**家事**を両立させるのは簡単ではない。
(일과 가사를 양립시키는 것은 간단하지 않다.)

29 戸籍 【名】こせき
国民各個人の親族的身分関係を記載した公の台帳。
[－謄本(とうほん)・－抄本(しょうほん)]

例文 ① パスポートを申請する時には**戸籍**謄本か抄本が必要だ。
(여권을 신청할 때에는 호적등본 또는 초본이 필요하다.)
② 天皇には**戸籍**がない。
(천황에게는 호적이 없다.)

30 住民 【名】じゅうみん

その地域一帯に住んでいる一団の人々。
[－登録(とうろく)・－票(ひょう)]

例文 ① **住民**が協力して、公園の清掃を行う。
(주민이 협력하여 공원 청소를 한다.)
② 隣の市へ引っ越しをしたら、**住民**票を移さなければならない。
(인접 시로 이사하면 주민등록을 옮겨야 한다.)

Part 2　政治
31~45

31　政治　【名】せいじ

国を治める活動。
［官僚(かんりょう)－・－家(か)］

例文 ① 国民は**政治**に参加する権利がある。
(국민은 정치에 참가할 권리가 있다.)
② 前首相の汚職事件は**政治**不信を招いた。
(전 수상의 부정사건은 정치 불신을 초래했다.)

32　行政　【名】ぎょうせい

国の統治作用のうち、司法・立法以外の作用の総称。
［－改革(かいかく)］

例文 ① 立法・司法・**行政**の三権はそれぞれ独立している。
(입법・사법・행정의 3권은 각각 독립되어 있다.)
② 国の**行政**改革が叫ばれて久しい。
(나라의 행정 개혁이 주장된 지 오래다.)

33　議会　【名】ぎかい

公選された議員によって、国民や住民の意思を代表・決定する合議制の機関。
［－政治(せいじ)］

例文 ① 議会政治は民主主義の国家の基本である。
(의회정치는 민주주의 국가의 기본이다.)
② 今後は地方議会の活性化が重要であろう。
(앞으로는 지방의회의 활성화가 중요할 것이다.)

34 国会 【名】こっかい

憲法の定める国の議会。国権の最高機関で、国の唯一の立法機関。日本では衆議院と参議院がある。
[－議員(ぎいん)・－議事堂(ぎじどう)]

例文 ① 会期期間中にはテレビで国会中継が放送される。
(회기 기간 중에는 TV로 국회 중계가 방송된다.)
② 日本の国会議事堂は永田町にある。
(일본의 국회의사당은 나가타초에 있다.)

35 議員 【名】ぎいん

国会や地方議会などの会議機関を構成し、議決する権利を持つ人。
[－立法(りっぽう)・－バッジ]

例文 ① 衆議院議員の任期は四年である。
(중의원 의원의 임기는 4년이다.)
② 新人議員の晴れやかな顔が新聞に載っていた。
(신인 의원의 밝은 얼굴이 신문에 실려 있었다.)

36 政府 【名】せいふ

行政を行う国家の機関。

［現(げん)－・暫定(ざんてい)－］

例文 ① **政府**が外交方針を発表する。
(정부가 외교방침을 발표한다.)
② この問題については**政府**内でも慎重論がある。
(이 문제에 대해서는 정부 내에서도 신중론이 있다.)

37 内閣 【名】ないかく

大臣で組織する国の最高行政機関。政府。
［短命(たんめい)－・－総理大臣(そうりだいじん)］

例文 ① **内閣**支持率の推移によって政局が動く。
(내각 지지율 추이에 따라 정국이 움직인다.)
② 二ヶ月ほどで終った短命**内閣**もあった。
(2개월 정도로 끝난 단명한 내각도 있었다.)

38 首相 【名】しゅしょう

内閣の首長である内閣総理大臣の通称。
［－官邸(かんてい)］

例文 ① 内閣の閣議は**首相**官邸で行われる。
(내각 각료회의는 수상 관저에서 행해진다.)
② **首相**は総裁選に意欲を見せる。
(수상은 총재선거에 의욕을 보인다.)

39 選挙 【名】【動】せんきょ

何かの任に当たる人を、その資格・条件に合った人の中から選び出すこと。

［国政（こくせい）－・－運動（うんどう）］

例文 ① 激しい**選挙**戦を展開する。
(격렬한 선거전을 전개한다.)
② 満20歳以上の国民は**選挙**権を有する。
(만 20세 이상의 국민은 선거권을 가진다.)

40 投票　【名】【動】とうひょう

選挙や採決の際に、選出したい人の名や賛否などを書いた紙をさし出すこと。
［人気（にんき）－・－用紙（ようし）］

例文 ① 今回の市長選は前回の**投票**率を下回った。
(이번 시장선거는 지난번 투표율을 밑돌았다.)
② 飲食店の人気**投票**ランキングを参考にする。
(음식점의 인기투표 순위를 참고로 한다.)

41 政党　【名】せいとう

共通の政見を実行に移すために政権を取ることを目標として結ばれた政治団体。
［－政治（せいじ）］

例文 ① アメリカは共和党と民主党の二大**政党**政治だ。
(미국은 공화당과 민주당의 2대 정당 정치이다.)
② 調査の結果を見ると、支持**政党**なしが40パーセントを超えている。
(조사결과를 보면, 지지정당 없음이 40%를 넘고 있다.)

42 政策 【名】せいさく
政治上の方針や手段。
[外交(がいこう)－・－論議(ろんぎ)]

例文 ① 各党の**政策**を見極めて、投票したい。
(각 당의 정책을 잘 살펴보고 투표하고 싶다.)
② 有効な金融**政策**を打ち出せない中、円高が進む。
(유효한 금융정책을 마련하지 못한 사이에 엔고가 진행된다.)

43 官僚 【名】かんりょう
国の行政面の仕事に従事する人たち。
[－制(せい)・－主義(しゅぎ)]

例文 ① 公務員のうち、政策の決定に係わる人を**官僚**という。
(공무원 중에 정책결정에 관여하는 사람을 관료라 한다.)
② **官僚**出身の大臣が増えている。
(관료출신 대신이 늘고 있다.)

44 自治 【名】じち
団体や組織が自分たちの事を自己の責任においてきちんと処理すること。
[－体(たい)・－会(かい)]

例文 ① 地方**自治**は住民がその地域の政治に参加できるためにある。
(지방자치는 주민이 그 지역 정치에 참가할 수 있기 위해 존재한다.)

② 祖父は地域の**自治**会活動に熱心だ。
(할아버지는 지역자치회 활동에 열심이다.)

---

45 知事 【名】ちじ

都道府県の長。

例文 ① 現東京都**知事**は石原慎太郎氏である。
(현 도쿄 도지사는 이시하라 신타로 씨이다.)
② 先月、宮城県**知事**選があった。
(지난달, 미야기 현 지사 선거가 있었다.)

Part 2　法律
46～60

46　法律　【名】ほうりつ

社会秩序を守るため、国民が従わなければならないと定められたその国の決まり。
［－家(か)］

例文 ① 法律に触れることをしてはいけない。
(법률에 저촉되는 행동을 하면 안 된다.)
② 法律案は国会で審議される。
(법률안은 국회에서 심의된다.)

47　憲法　【名】けんぽう

その国家の組織・運営の大原則を定めた国家最高の法規。
［平和(へいわ)－・－記念日(きねんび)］

例文 ① 日本国憲法第九条では戦争放棄をうたっている。
(일본헌법 제9조에는 전쟁 포기를 강조하고 있다.)
② 靖国参拝は憲法違反の疑いがある。
(야스쿠니 신사참배는 위헌의 여지가 있다.)

48　改正　【名】【動】かいせい

規則・方式などをあらため変えること。

[－案(あん)]

例文 ① 時刻表が**改正**されたので、本屋に買いに行った。
(열차 시간표가 개정되었기 때문에 서점으로 사러 갔다.)
② 最近、憲法**改正**が議論されるようになった。
(최근에 헌법 개정이 논의되게 되었다.)

49 人権 【名】じんけん

人間に当然与えられるとされる権利。
[基本的(きほんてき)－・－侵害(しんがい)]

例文 ① 基本的**人権**が守られている。
(기본적 인권이 보호되고 있다.)
② **人権**侵害については強く非難されなければならない。
(인권침해에 대해서는 강하게 비난 받지 않으면 안된다.)

50 権利 【名】けんり

物事を自分の意志によってなし得る資格。
[－金(きん)]

例文 ① 生きる**権利**が保障されなければならない。
(생존의 권리가 보장되지 않으면 안된다.)
② 店の**権利**を子どもに譲った。
(가게의 권리를 자식에게 양도했다.)

51 義務 【名】ぎむ

その立場にある人として当然やらなければいけないと

されている事。
[－教育(きょういく)・－感(かん)]

例文 ① 国民としての**義務**である税金を納める。
(국민으로서의 의무인 세금을 납부한다.)
② 日本の**義務**教育は九年間である。
(일본의 의무교육은 9년간이다.)

52 税/税金 【名】ぜい/ぜいきん
租税として納めるお金。
[消費(しょうひ)－・－収(しゅう)]

例文 ① 国民の関心事は消費**税**の引き上げの時期だ。
(국민의 관심사는 소비세 인상 시기이다.)
② 公共事業は国民の**税金**でまかなわれている。
(공공사업은 국민의 세금으로 충당되고 있다.)

53 治安 【名】ちあん
国家・社会に異変がなく、秩序が保たれていること。
[－維持(いじ)・－部隊(ぶたい)]

例文 ① 犯罪を取り締まり、社会の**治安**を維持する。
(범죄를 단속하고, 사회의 치안을 유지한다.)
② 日本は**治安**がいい国と言われる。
(일본은 치안이 좋은 나라라고 일컬어지고 있다.)

54 事件 【名】じけん
世間が話題にするような出来事。
[殺人(さつじん)－・大(だい)－]

例文 ① 今年は**大事件**がたくさん発生した。
(올해는 대형사건이 많이 발생했다.)
② **事件**の鍵を握る男だ。
(사건의 열쇠를 쥔 남자이다.)

55 警察　【名】けいさつ

社会公共の秩序を維持し、国民の生命・財産を保護することを目的とする国家の行政上の機能。また、その機能を持つ行政機関。
［－官(かん)・－署(しょ)］

例文 ① **警察**は市民の安全を守るための組織だ。
(경찰은 시민의 안전을 지키기 위한 조직이다.)
② 道で**警察**官に呼びとめられた。
(길에서 경찰관에게 검문 당했다.)

56 裁判　【名】【動】さいばん

裁判所が権利・理非に関する争いを法の適用によって解決すること。また、その過程。
［－官(かん)・－所(しょ)］

例文 ① **裁判**員制度の実施により、司法が身近なものになった。
(재판배심원제도 실시에 따라 사법기관이 가까운 존재가 되었다.)
② **裁判**にかけて真実を明らかにしよう。
(재판에 회부하여 진실을 밝히자.)

▼法律

57 弁護 【名】【動】べんご

他人または自分の不利益にならないようにいろいろの理由・論点から主張して譲らないこと。

［自己（じこ）－・－士（し）］

例文 ① 被告人の**弁護**を依頼する。
(피고인의 변호를 의뢰한다.)
② 自己**弁護**ばかり繰り返すのは醜いものだ。
(자기변호만 반복하는 것은 추한 일이다.)

58 判決 【名】【動】はんけつ

裁判所が、決定した結果(無罪か有罪か)を判断の根拠を示しながら言い渡すこと。

［－文（ぶん）］

例文 ① 予想通り、無罪**判決**が下された。
(예상대로, 무죄판결이 내려졌다.)
② 有罪**判決**を覆す物的証拠が出て来た。
(유죄판결을 뒤엎는 물적 증거가 나왔다.)

59 有罪/無罪 【名】ゆうざい/むざい

裁判の結果、罪を犯したと認められること。または、罪を犯したものとは認められないこと。

［－判決（はんけつ）］

例文 ① **有罪**を言い渡される。
(유죄를 선고받다.)
② **無罪**を勝ち取るために最後まで戦うつもりだ。
(무죄를 쟁취하기 위해서 마지막까지 싸울 생각이다.)

60 刑/刑罰 【名】けい/けいばつ

国家が罪を犯した者に加える制裁。
[求(きゅう)－・死(し)－]

例文 ① 死**刑**制度の是非をめぐって議論が紛糾した。
(사형 제도 시비를 둘러싸고 여러 의견이 분분했다.)
② 罰金30万円の**刑罰**を科した。
(벌금 30만 엔의 형벌을 부과했다.)

Part 3 国際
61~75

61 国際　【名】こくさい

自国の中だけにとどまらず、他の国と何らかのかかわりを持つこと。

［－結婚(けっこん)・－会議(かいぎ)］

例文 ① 民間レベルでの**国際**交流が深まってきた。
(민간 차원에서의 국제 교류가 깊어졌다.)
② **国際**感覚の欠如こそ、問題点である。
(국제적 감각의 결여야말로 문제점이다.)

62 国家　【名】こっか

一定の領土に住み、独立の統治組織を持つ人民の社会集団。国。

［－権力(けんりょく)・－公務員(こうむいん)］

例文 ① オリンピックでは**国家**間の激しいメダル競争が見られる。
(올림픽에서는 국가 간의 치열한 메달 경쟁을 볼 수 있다.)
② **国家**公務員試験は難関だ。
(국가 공무원시험은 어려운 관문이다.)

63 領土　【名】りょうど

領有する土地。一国の主権が及ぶ範囲の土地。

[ー問題(もんだい)]

> 例文 ① 紛争は**領土**問題から発生することが多い。
> (분쟁은 영토 문제에서 발생하는 경우가 많다.)
> ② 植民地政策によって自国の**領土**を増やしていった。
> (식민지 정책에 의해 자국의 영토를 늘려갔다.)

64 国境 【名】こっきょう

他国との領土の境界。
[ー線(せん)]

> 例文 ① 首脳同士が**国境**を越えて対談する。
> (수뇌끼리 국경을 넘어서 대담한다.)
> ② **国境**なき医師団が紛争地域で医療活動を行う。
> (국경 없는 의사단이 분쟁 지역에서 의료 활동을 한다.)

65 国交 【名】こっこう

国家間の公式の交際。
[ー正常化(せいじょうか)・ー断絶(だんぜつ)]

> 例文 ① 1972年、日本と中国は**国交**を正常化した。
> (1972년, 일본과 중국은 국교를 정상화했다.)
> ② **国交**がとだえている国には渡航ができない。
> (국교가 단절되어 있는 나라로는 건너갈 수 없다.)

66 外交 【名】がいこう

外国との交際・交渉。

［－官（かん）・－交渉（こうしょう）］

例文 ① 専門家に**外交**についての意見を聞く。
(전문가에게 외교에 대한 의견을 묻는다.)
② 将来の夢は**外交**官になることだ。
(장래의 꿈은 외교관이 되는 것이다.)

67 条約　【名】じょうやく

文書に書き記した国家間、または、国際機関との間での合意。
［平和（へいわ）－］

例文 ① 平和**条約**を締結する。
(평화조약을 체결한다.)
② 両国の友好関係と経済協力が**条約**にうたわれている。
(양국의 우호 관계와 경제협력이 조약에 강조되어 있다.)

68 交流　【名】【動】こうりゅう

違った系統のものが互いに行きかい、入りまじること。
［文化（ぶんか）－・国際（こくさい）－］

例文 ① 相互訪問で姉妹校との**交流**を深める。
(상호 방문으로 자매학교와의 교류를 깊게 한다.)
② 子どもたちが未来の国際**交流**の担い手だ。
(어린아이들이 미래 국제 교류의 담당자이다.)

69 友好　【名】ゆうこう

国家・団体・組織など相互の間で、摩擦なく交際し交

流すること。
［－国（こく）・－親善（しんぜん）］

例文 ① アジアの国々と**友好**関係を築くことが重要である。
(아시아 여러 나라와 우호 관계를 구축하는 것이 중요하다.)
② 首脳会談は**友好**的な雰囲気で進められた。
(수뇌회담은 우호적인 분위기로 진행되었다.)

70 同盟 【名】【動】どうめい

国や組織や個人が共同の目的のために同じ行動をとる事を約束すること。また、その約束によって生じた関係。
［軍事（ぐんじ）－・－国（こく）］

例文 ① 第二次世界大戦当時、多くの国々で軍事**同盟**が結ばれた。
(제2차 세계대전 당시, 많은 나라에서 군사동맹이 맺어졌다.)
② 日米は**同盟**国関係を維持している。
(일본과 미국은 동맹국 관계를 유지하고 있다.)

71 協調 【名】【動】きょうちょう

相違点・利害などを譲り合い、共通の目標に向かって歩み寄ること。
［労資（ろうし）－］

例文 ① 世界平和の実現を目指して各国が**協調**する。
(세계 평화의 실현을 목표로 각 나라가 협조한다.)
② 彼の欠点は**協調**性に欠けることだ。
(그의 결점은 협조성이 결여된 것이다.)

72 協力　【名】【動】きょうりょく

力を合わせて物事に当たること。
［－者(しゃ)・－体制(たいせい)］

> 例文 ① 発展途上国への経済**協力**を進める。
> (개발도상국으로의 경제 협력을 추진한다.)
> ② アンケートに御**協力**ありがとうございます。
> (앙케이트에 협력해 주셔서 감사합니다.)

73 両国　【名】りょうこく

両方の国。
［日米(にちべい)－］

> 例文 ① 領土問題は**両国**間の懸案である。
> (영토 문제는 양국 간의 현안이다.)
> ② 冷戦時代、米ソ**両国**の関係は緊張していた。
> (냉전 시대에 미소 양국 관계는 긴장되어 있었다.)

74 首脳　【名】しゅのう

その組織の中で、中心となって働く最高の責任者。
［－会談(かいだん)・－外交(がいこう)］

> 例文 ① 各国**首脳**がなごやかに写真に納まっている。
> (각국 수뇌가 화기애애하게 사진에 실려있다.)
> ② 今月10日から、**首脳**会談が開かれる。
> (이달 10일부터 수뇌회담이 열린다.)

75 公式　【名】こうしき

公に定められた形式。また、公的な手続きを踏んで物

事を行うこと。
［非(ひ)－・－行事(ぎょうじ)］

例文 ① 鳥インフルエンザの発生を**公式**に認めた。
(조류인플루엔자 발생을 공식적으로 인정했다.)
② 引退した**女優**が、久しぶりに**公式**の場に姿を現した。
(은퇴한 여배우가, 오랜만에 공식 장소에 모습을 드러냈다.)

Part 3　軍事
76~90

76 軍事　【名】ぐんじ
軍隊・兵備・戦争に関すること。
[ー力(りょく)・ー行動(こうどう)]

例文 ① 最近、各国の**軍事**力増強が報道されている。
(최근에 각국의 군사력 증강이 보도되고 있다.)
② **軍事**専門家の話によれば、ハイテク兵器の性能は驚くばかりだ。
(군사 전문가의 말에 의하면 하이테크 병기의 성능은 놀라울 뿐이다.)

77 平和　【名】【形】へいわ
戦いや争いがなくおだやかな状態。
[家庭(かてい)ー・ー運動(うんどう)]

例文 ① 第二次世界大戦後、多くの国々で**平和**を取り戻した。
(제2차 세계대전 후 많은 나라에서 평화를 되찾았다.)
② 武力なき**平和**の実現を模索するべきだ。
(무력없는 평화 실현을 모색해야 한다.)

78 防衛　【名】【動】ぼうえい
他からの危害を防ぎ守ること。
[正当(せいとう)ー・ー本能(ほんのう)]

例文 ① 市民たちは祖国**防衛**に立ち上がった。
(시민들은 조국 방위에 나섰다.)
② ミドル級のタイトル**防衛**戦が行われる。
(미들급 타이틀 방어전이 열린다.)

79 自衛 【名】【動】じえい

自分で自分を守ること。
［－隊(たい)・－手段(しゅだん)］

例文 ① **自衛**隊を災害地域の支援に派遣する。
(자위대를 재해 지역의 지원을 위해 파견한다.)
② 災害に対して、**自衛**手段を準備しておくべきだ。
(재해에 대해, 스스로 방어하는 수단을 준비해 둬야 한다.)

80 国防 【名】こくぼう

外国の侵略に対する国の守備。
［－力(りょく)・－色(しょく)］

例文 ① 政府は**国防**費を増額した。
(정부는 국방비를 증액시켰다.)
② カーキ色を見ると、母は**国防**色を思い出すと言う。
(카키색을 보면, 어머니는 국방색이 생각난다고 한다.)

81 戦争 【名】【動】せんそう

国家間の争い・紛争を解決するための武力行使に入ること。
［受験(じゅけん)－・－犯罪人(はんざいにん)］

軍事

例文 ① 小説『坂の上の雲』は日露戦争を題材にしている。
(소설〈언덕 위의 구름〉은 러일전쟁을 제재로 하고 있다.)
② **戦争**犠牲者の冥福を祈る。
(전쟁 희생자의 명복을 빈다.)

82 （軍備）【名】ぐんび

軍事上の設備や戦争の準備。

［－縮小（しゅくしょう）・－増強（ぞうきょう）］

例文 ① 各国間で**軍備**を制限する条約が結ばれた。
(각국 간의 군비를 제한하는 조약이 체결되었다.)
② アメリカとロシアは**軍(備)縮(小)** に積極的に動き始めた。
(미국과 러시아는 군비 축소에 적극적으로 움직이기 시작했다.)

83 （武力）【名】ぶりょく

軍事上の力。兵力。

［－行使（こうし）・－衝突（しょうとつ）］

例文 ① 紛争解決のための**武力**行使を行わない。
(분쟁 해결을 위한 무력행사를 행하지 않는다.)
② **武力**に訴えてでも、この問題は阻止しなければならない。
(무력으로 호소해서라도 이 문제는 저지하지 않으면 안 된다.)

84 （核兵器）【名】かくへいき

核反応の時に出るエネルギーを利用した兵器。原子爆

弾・水素爆弾など。
[－廃絶(はいぜつ)]

例文 ① 核兵器を廃絶する運動に参加する。
(핵병기를 폐기하는 운동에 참가한다.)
② 広島で初めて核兵器が使われた。
(히로시마에서 처음으로 핵병기가 사용되었다.)

85 基地 【名】きち
軍事・探検などの行動を起こす根拠地。
[南極(なんきょく)－・－局(きょく)]

例文 ① 基地の返還問題に進展があった。
(기지 반환 문제에 진전이 있었다.)
② 米軍の基地が沖縄に集中している。
(미군 기지가 오키나와에 집중되어 있다.)

86 侵略 【名】【動】しんりゃく
他国に攻め入って、その領土を奪い取ること。
[－戦争(せんそう)・－者(しゃ)]

例文 ① 侵略戦争が二度と起こらないよう、国際社会が監視する。
(침략 전쟁이 두 번 다시 일어나지 않도록, 국제사회가 감시한다.)
② 他国の領土を侵略してはならない。
(타국의 영토를 침략해서는 안된다.)

87 中立 【名】ちゅうりつ

当事者(当事国)のどちらにも味方せず、また、敵対しないこと。

[－国(こく)]

例文 ① 議長は**中立**性を保たなければならない。
(의장은 중립을 지키지 않으면 안된다.)
② スイスは永世**中立**国である。
(스위스는 영세 중립 국가이다.)

88 内戦 【名】ないせん

自国内の勢力の衝突で起こされた国内の戦争。

例文 ① **内戦**から逃れて来た人々の支援が必要だ。
(내전으로부터 피해온 사람들의 지원이 필요하다.)
② アフリカで多くの**内戦**が勃発している。
(아프리카에서 많은 내전이 발발하고 있다.)

89 紛争 【名】ふんそう

もつれて争うこと。もめごと。

[－地域(ちいき)]

例文 ① 国連は**紛争**地域に対して、平和維持軍を派遣している。
(UN은 분쟁 지역에 대해, 평화 유지군을 파견하고 있다.)
② 土地の所有をめぐって、昔から**紛争**が絶えない。
(토지 소유를 둘러싸고 옛날부터 분쟁이 끊이지 않는다.)

軍事

90 　難民　【名】なんみん

戦災・震災や生活困窮などで居所を失い、または、居所に居られず安全な地域に逃げて来た人々。
［就職(しゅうしょく)－］

例文 ① 世界には多くの**難民**が存在している。
(세계에는 많은 난민이 존재하고 있다.)
② **難民**申請を行ったが却下された。
(난민 신청을 했지만 각하되었다.)

Part 4 経済
91~105

91 経済 【名】けいざい
社会生活を営むための物の生産・売買・消費などの活動。
[－成長(せいちょう)・－観念(かんねん)]

例文 ① 経済の建て直しが必要だ。
(경제 재건이 필요하다.)
② 経済観念のない男とは結婚しない方がいい。
(경제관념이 없는 남자와는 결혼하지 않는 편이 좋다.)

92 需要 【名】じゅよう
商品に対する購買力の裏付けのある欲求。
[購買(こうばい)－]

例文 ① 土地の需要が高まる。
(토지의 수요가 높아진다.)
② 需要を満たすだけの生産力が必要だ。
(수요를 충족시킬 만한 생산력이 필요하다.)

93 供給 【名】【動】きょうきゅう
生産者が販売のため商品を市場に出すこと。
[－源(げん)]

例文 ① 原材料の**供給**量を調査しなさい。
(원재료의 공급량을 조사하시오.)
② 需要と**供給**のバランスをとる。
(수요와 공급의 균형을 맞춘다.)

94 景気 【名】けいき

売買・取引などに表れた経済活動の情況。
［不(ふ)－・－変動(へんどう)］

例文 ① 最近は**景気**が上向いてきた。
(최근에는 경기가 향상되었다.)
② **景気**の冷え込みが激しい。
(경기의 위축이 심하다.)

95 好況/不況 【名】こうきょう/ふきょう

景気が良いこと。
景気が悪いこと。

例文 ① **好況**の波に乗って、大企業は利益を上げた。
(호황의 여파를 타고, 대기업은 이익을 올렸다.)
② **不況**で外食費をおさえる傾向にある。
(불황으로 외식비를 억제하는 경향이다.)

96 自由 【名】【形】じゆう

他からの束縛を受けず、自分の思うままにふるまえること。
［－化(か)・－貿易(ぼうえき)］

例文 ① 農産物輸入の自由化が進む。
(농산물 수입의 자유화가 진행된다.)
② どうぞ御自由にお取りください。
(맘대로 가지세요.)

97 資本 【名】しほん
事業をするのに必要なお金・物品など。
[－家(か)・－主義(しゅぎ)]

例文 ① 資本を投じて会社を作った。
(자본을 투자해서 회사를 세웠다.)
② 外国からの資本流入はその国の経済を左右する。
(외국으로부터의 자본 유입은 그 나라의 경제를 좌우한다.)

98 企業 【名】きぎょう
事業の企てをすること。生産・営利の目的で事業を経営すること。また、その経営体。
[大(だい)－・中小(ちゅうしょう)－・－倫理(りん り)]

例文 ① 年末になると、企業倒産が相次ぐ。
(연말이 되면, 기업 도산이 이어진다.)
② 日本経済の動向は大企業が支配している。
(일본 경제의 동향은 대기업이 지배하고 있다.)

99 経営 【名】【動】けいえい
事業を営むこと。また、その運営のための仕組み。
[多角(たかく)－・－参加(さんか)]

例文 ① 経営が軌道に乗り、事業を拡大する。
(경영이 궤도를 타서 사업을 확대한다.)
② 計画性がないのは、経営者として失格だ。
(계획성이 없는 것은, 경영자로서 실격이다.)

100 貿易 【名】【動】ぼうえき

外国との商業取引を行うこと。
[対外(たいがい)－・－風(ふう)]

例文 ① 輸入が減少し、貿易赤字が減少した。
(수입이 감소하고, 무역 적자가 감소했다.)
② 貿易会社に就職するためには、外国語は必須条件だ。
(무역회사에 취직하기 위해서는, 외국어는 필수 조건이다.)

101 関税 【名】かんぜい

外国から輸入する品物について、税関で徴収する税。
[－率(りつ)]

例文 ① 嗜好品に高い関税を課す。
(기호품에 높은 관세를 부과한다.)
② 関税を引き下げて輸入品を流通しやすくする。
(관세를 내려서 수입품을 유통하기 쉽게 한다.)

102 輸出/輸入 【名】【動】ゆしゅつ/ゆにゅう

外国へ向けて産物・生産技術などを送り出すこと。
外国の産物を買い入れたり、制度などを導入したりすること。

[－超過(ちょうか)・－品(ひん)]

例文 ① 日本車は世界各国に**輸出**されている。
(일본 자동차는 세계 각국에 수출되고 있다.)
② 明治時代に西洋近代思想が**輸入**された。
(메이지 시대에 서양 근대사상이 수입되었다.)

103 赤字/黒字 【名】あかじ/くろじ

支出が収入より多いこと。
収入が支出より多いこと。
[－財政(ざいせい)]

例文 ① 今月は家計簿が**赤字**になった。
(이번 달은 가계부가 적자로 되었다.)
② 営業力を強化したら、**黒字**に転じた。
(영업력을 강화하자, 흑자로 바뀌었다.)

104 消費 【名】【動】しょうひ

金・物・労力などを使ってなくすこと。
[個人(こじん)－・－量(りょう)]

例文 ① 景気が上向いて**消費**が伸びてきた。
(경기가 향상되어 소비가 늘어났다.)
② 米の**消費量**が年々減っている。
(쌀 소비량이 해마다 줄고 있다.)

105 統計 【名】【動】とうけい

人・物などのある集団について、その特性を数値的に
計って得られる指数。

[ー学(がく)]

例文 ① 韓国の貿易統計をデータベースから引用した。
(한국의 무역통계를 데이터베이스에서 인용했다.)

② 米国の雇用統計は、毎月第一金曜日に発表される。
(미국 고용 통계는 매월 첫 번째 금요일에 발표된다.)

Part 4　金融
106~120

---

106 金融　【名】【動】きんゆう

お金の融通。資金の需要・供給に関すること。
［住宅(じゅうたく)ー・ー機関(きかん)］

例文 ① 政府は**金融**の緩和と引き締めで景気の調節を図る。
(정부는 금융의 완화와 긴축으로 경기의 조절을 피한다.)
② 消費者**金融**には十分気をつけよう。
(소비자 금융에는 최대한 주의하자.)

107 財政　【名】ざいせい

国家や地方公共団体が収入・支出をする経済行為。転じて、会社・団体・家の経済状態。
［国家(こっか)ー・ー難(なん)］

例文 ① 国家**財政**を立て直さなければならない。
(국가재정을 재정비하지 않으면 안된다.)
② **財政**難のため、プロ野球球団が売りに出された。
(재정난 때문에 프로야구단이 매각에 내놓아진다.)

108 物価　【名】ぶっか

物の値段。物品の市価。

[－指数(しすう)・－高(だか)]

例文 ① **物価**を抑える政策が求められる。
(물가를 억제하는 정책이 필요하다.)
② 日本の**物価高**は世界でも有名だ。
(일본의 물가고는 세계에서도 유명하다.)

109 通貨 【名】つうか

法律の定めによって一国内に流通する貨幣。

[－統合(とうごう)]

例文 ① 日本の**通貨**は円である。
(일본의 통화는 엔이다.)
② ヨーロッパでは**通貨**統合により、ユーロが誕生した。
(유럽에서는 통화 통합에 의해 유로가 탄생했다.)

110 円高/円安 【名】えんだか/えんやす

為替相場で日本の円の相場が外国の通貨の相場に対して、それまでより高くなること。または、安くなること。

[－傾向(けいこう)]

例文 ① **円高**で安い輸入品が大量に入ってくる。
(엔고로 싼 수입품이 대량으로 들어온다.)
② 輸出産業が**円安**のため打撃を受ける。
(수출산업이 엔화가 싸져서 타격을 받는다.)

111 　市場　【名】しじょう
売手と買手とが規則的に出会って取引を行う組織。
［金融（きんゆう）－・－調査（ちょうさ）］

例文 ① **市場**の動向を見て、日銀は公定歩合を引き下げた。
(시장의 동향을 보고 일본 은행은 공정 금리를 내렸다.)
② 新しい商品の開発には**市場**調査が前提になる。
(새로운 상품 개발에는 시장조사가 전제가 된다.)

112 　売買　【名】【動】ばいばい
売ることと買うこと。売り買い。
［－契約（けいやく）］

例文 ① 外国為替市場でドルや円が**売買**される。
(외국환 시장에서 달러와 엔이 매매된다.)
② 土地の**売買**契約をした。
(토지의 매매계약을 했다.)

113 　為替　【名】かわせ
現金を送る代わりに、手形・小切手・証書などで金銭の受け渡しを済ませる方法。また、その手形などの総称。
［－管理（かんり）・－相場（そうば）］

例文 ① **為替**相場の変動に注目する。
(외환시세의 변동에 주목한다.)

② 海外へは外国為替で送金する。
(해외로는 외국환으로 송금한다.)

114 株式 【名】かぶしき

株式会社の資本の構成単位。株券。

[－会社(かいしゃ)]

例文 ① 会社を設立し、**株式**を発行する。
(회사를 설립하여, 주식을 발행한다.)
② トヨタ自動車**株式**会社に就職した。
(도요타 자동차 주식회사에 취직했다.)

115 証券 【名】しょうけん

株券・公社債権など、財産法上の権利・義務について記載した紙片。

[－会社(かいしゃ)・－取引所(とりひきじょ)]

例文 ① **証券**会社は株式を発行して手数料を取る。
(증권회사는 주식을 발행하여 수수료를 취한다.)
② 新聞で**証券**アナリストの株式情報を毎日読んでいる。
(신문에서 증권 분석가의 주식 정보를 매일 읽고 있다.)

116 資金 【名】しきん

事業を起こしたり、続けたりするために充当するお金。元手。

[育英(いくえい)－・－繰(ぐ)り]

例文 ① **資金**を貯めて、小さな店をオープンした。
(자금을 모아 작은 가게를 열었다.)
② この不況では**資金**繰りが困難だ。
(이 불황에서는 자금 마련이 어렵다.)

117 投資 【名】【動】とうし

利益を見込んで事業に資本を出すこと。

[海外(かいがい)－・－家(か)]

例文 ① 個人の**投資**家が所有する株式は、銀行や企業に比べて少ない。
(개인 투자가가 소유하는 주식은 은행과 기업에 비해 적다.)
② 友人の新しい事業に**投資**をして失敗した。
(친구의 새로운 사업에 투자를 해서 실패했다.)

118 収支 【名】しゅうし

収入と支出。

[貿易(ぼうえき)－・－決算(けっさん)]

例文 ① 今年度の貿易**収支**は黒字に転じた。
(금년도의 무역수지는 흑자로 돌아섰다.)
② 日本での**収支**決算は、普通三月期に行う。
(일본에서의 수지결산은, 보통 3월기에 한다.)

119 利益 【名】りえき

都合が良かったり役に立ったりすること。儲けたもの。得。

[純(じゅん)－]

金融

例文 ① 下半期にはようやく**利益**があがった。
(하반기에는 겨우 이익이 올랐다.)
② この提案は両国の**利益**にかなうはずだ。
(이 제안은 양국의 이익에 부합될 것이다.)

120 　利子　【名】りし

お金を貸したり預けたりすることによって得られるお金。元金に対して一定の割合で支払われる。
［無(む)－］

例文 ① 借りたお金には**利子**をつけて返す。
(빌린 돈에는 이자를 붙여서 돌려준다.)
② 銀行の普通預金の**利子**はほとんど０パーセントだ。
(은행의 보통예금 이자는 거의 0%이다.)

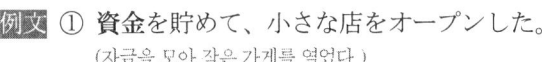

例文 ① **資金**を貯めて、小さな店をオープンした。
(자금을 모아 작은 가게를 열었다.)
② この不況では**資金**繰りが困難だ。
(이 불황에서는 자금 마련이 어렵다.)

117 投資 【名】【動】とうし
利益を見込んで事業に資本を出すこと。
［海外(かいがい)ー・ー家(か)］

例文 ① 個人の**投資**家が所有する株式は、銀行や企業に比べて少ない。
(개인 투자가가 소유하는 주식은 은행과 기업에 비해 적다.)
② 友人の新しい事業に**投資**をして失敗した。
(친구의 새로운 사업에 투자를 해서 실패했다.)

118 収支 【名】しゅうし
収入と支出。
［貿易(ぼうえき)ー・ー決算(けっさん)］

例文 ① 今年度の貿易**収支**は黒字に転じた。
(금년도의 무역수지는 흑자로 돌아섰다.)
② 日本での**収支**決算は、普通三月期に行う。
(일본에서의 수지결산은, 보통 3월기에 한다.)

119 利益 【名】りえき
都合が良かったり役に立ったりすること。儲けたもの。得。
［純(じゅん)ー］

例文 ① 下半期にはようやく**利益**があがった。
(하반기에는 겨우 이익이 올랐다.)
② この提案は両国の**利益**にかなうはずだ。
(이 제안은 양국의 이익에 부합될 것이다.)

120 利子 【名】りし

お金を貸したり預けたりすることによって得られるお金。元金に対して一定の割合で支払われる。
［無(む)－］

例文 ① 借りたお金には**利子**をつけて返す。
(빌린 돈에는 이자를 붙여서 돌려준다.)
② 銀行の普通預金の**利子**はほとんど０パーセントだ。
(은행의 보통예금 이자는 거의 0%이다.)

Part 5　産業
121〜135

121　産業　【名】さんぎょう
生産に従事する事業。
[－革命(かくめい)・－構造(こうぞう)]

例文　① 常に、新しい産業を育成しなければならない。
(항상 새로운 산업을 육성하지 않으면 안된다.)
② 戦後、産業構造が変わった。
(전후 산업구조가 바뀌었다.)

122　生産　【名】【動】せいさん
人間生活に必要な品物を作り出すこと。
[－者(しゃ)・－地(ち)]

例文　① コストを引き下げ、生産性を高める。
(코스트를 내려 생산성을 높인다.)
② 自動車部品の生産地を東南アジアに移した。
(자동차부품 생산지를 동남아시아로 옮겼다.)

123　自給　【名】【動】じきゅう
自分に必要な物資を自分の力で自分の手もとで作り出してまかなうこと。
[－自足(じそく)・－率(りつ)]

例文 ① 日本の食糧自給率はかなり低い。
(일본의 식량자급률은 꽤 낮다.)
② 都会を離れ、**自給**自足の生活にあこがれる。
(도시를 떠나 자급자족의 생활을 동경한다.)

124 農産/水産 【名】のうさん/すいさん

農業によって作られる生産物。
海・川・湖など水中から産すること。また、その産物。
［－物(ぶつ)・－加工品(かこうひん)］

例文 ① **農産**物の輸入自由化は、日本の農業に深刻な問題を与える。
(농산물의 수입 자유화는 일본농업에 심각한 문제를 안겨준다.)
② 缶詰などの**水産**加工品がこの町の主要産業だ。
(통조림 등 수산 가공품이 이 도시의 주요 산업이다.)

125 製造 【名】【動】せいぞう

原料を加工して商品となる物品や機械をつくること。
［－業(ぎょう)・－元(もと)］

例文 ① 大型テレビの**製造**では韓国三星がトップシェアを誇る。
(대형 TV 제조에서는 한국의 삼성이 최고 점유율을 자랑한다.)
② パッケージに**製造**元が明記されている。
(포장지에 제조원이 명기되어 있다.)

126 製品 【名】せいひん
原料や材料を加工して大量に作られた商品。
[新(しん)－・外国(がいこく)－]

例文 ① 各メーカーは自社製品の良さを宣伝する。
(각 메이커는 자사 제품의 좋은 면을 선전한다.)
② 毎年10月に新製品の発表を行う。
(매년 10월에 신제품 발표를 한다.)

127 商品 【名】しょうひん
売るために作られた、陳列された物。
[－券(けん)・－価値(かち)]

例文 ① 新しい商品開発を行う。
(새로운 상품 개발을 한다.)
② 雑種犬は商品価値がない。
(잡종견은 상품 가치가 없다.)

128 流通 【名】【動】りゅうつう
通貨・手形・証券などが広く世間に通用すること。
[－機構(きこう)・－経路(けいろ)]

例文 ① 流通システムを組織化する。
(유통 시스템을 조직화한다.)
② この建物は空気の流通が悪い。
(이 건물은 공기 유통이 나쁘다.)

129 販売 【名】【動】はんばい
商品などを売りさばくこと。

[通信(つうしん)−・−協定(きょうてい)]

例文 ① 販売促進のため街頭で宣伝する。
(판매 촉진을 위해 길거리에서 선전한다.)
② 通信販売は忙しい人にとって便利な方法だ。
(통신판매는 바쁜 사람에게 있어 편리한 방법이다.)

130 (宣伝) 【名】【動】せんでん
そのものの存在・良さなどを大衆に分かるように説明して広めていくこと。
[自己(じこ)−・−文句(もんく)]

例文 ① インターネットで新製品の宣伝をする。
(인터넷으로 신제품 선전을 한다.)
② はでな宣伝につられて、いらないものを買ってしまった。
(화려한 선전에 끌려 필요 없는 것을 사버렸다.)

131 (経費) 【名】けいひ
その事を行うのに必要な、いつも決まってかかる費用。
[必要(ひつよう)−・−削減(さくげん)]

例文 ① 海外出張には相当の経費がかかる。
(해외 출장에는 상당한 경비가 든다.)
② 官公庁の経費削減が必要だ。
(관공서의 경비 삭감이 필요하다.)

132 (価格) 【名】かかく
値段のこと。

[販売(はんばい)ー・ー競争(きょうそう)]

例文 ① 商品の**価格**は需要と供給の関係で決まる。
(상품의 가격은 수요와 공급의 관계에서 결정된다.)
② さまざまな商品で**価格競争**が著しい。
(여러 상품에서 가격경쟁이 현저하다.)

133 　代金　【名】だいきん

品物の買手が売手に払うお金。

[ー引換(ひきかえ)]

例文 ① この製品の100ダースの**代金**はいくらになりますか？
(이 제품의 100다스의 대금은 얼마 됩니까?)
② 通信販売は普通**代金引換**で購入する。
(통신판매는 보통 대금과 상환하여 구입한다.)

134 　売上　【名】うりあげ

一定期間に商品などを売ったお金の総額。売上金。

[ー金(きん)・ー高(だか)]

例文 ① スーパーよりもコンビニの**売上**が伸びている。
(슈퍼마켓보다도 편의점의 매상이 늘고 있다.)
② 今年度の**売上高**は３億円を見込んでいる。
(금년도 매상고는 3억 엔을 예상하고 있다.)

135 　省エネ　【名】しょうエネ ←「省エネルギー」の略

エネルギー資源が不足するのを防ぐため、石油・電力・ガスなどの使用を節約すること。

産業

[－対策(たいさく)]

例文 ① 地球温暖化により、**省エネ**対策は当然のことと考えられる。
(지구온난화에 의해 에너지 절약 대책은 당연한 것으로 생각되어진다.)

② 節電で**省エネ**を推進する。
(절전으로 에너지 절약을 추진한다.)

Part 5 労働
136～150

136 労働 【名】【動】ろうどう
賃金・報酬を得るために、体力や知力を使って働くこと。
[肉体(にくたい)－・－組合(くみあい)]

例文 ① 少子化で**労働**人口が低下する。
(저출산화 때문에 노동인구가 저하한다.)
② **労働**する喜びを実感できない若者が多い。
(노동하는 즐거움을 실감하지 못하는 젊은이가 많다.)

137 職業 【名】しょくぎょう
生活を支える手段としての仕事。職。
[－意識(いしき)]・－病(びょう)]

例文 ① 人間には**職業**選択の自由がある。
(인간에게는 직업 선택의 자유가 있다.)
② その欄にはあなたの**職業**を書いてください。
(그 란에는 당신의 직업을 써주세요.)

138 就職 【名】【動】しゅうしょく
新しく職につくこと。
[－戦線(せんせん)・－口(ぐち)]

例文 ① 一流企業への**就職**を希望する。
(일류 기업에 취직을 희망한다.)
② 知り合いの息子さんに**就職**口を世話した。
(지인의 아들에게 취직자리를 마련해 주었다.)

139 社員 【名】しゃいん

会社の従業員。会社員。

[正(せい)－・契約(けいやく)－・派遣(はけん)－]

例文 ① 同じ**社員**でも、正社員の方が優遇されている。
(같은 사원이라도 정사원 쪽이 대우받고 있다.)
② **社員**研修で大阪に一ヶ月滞在したことがある。
(사원 연수로 오사카에 1개월 머문 적이 있다.)

140 求人 【名】きゅうじん

その職場で働く人を探し求めること。

[－広告(こうこく)]

例文 ① 高卒の**求人**が減っている。
(고졸의 구인이 감소하고 있다.)
② 新聞に**求人**広告を出して広く人材を求める。
(신문에 구인광고를 내서 널리 인재를 구한다.)

141 雇用 【名】【動】こよう

雇うこと。

[正規(せいき)－・－主(ぬし)]

▼労働

例文 ① 男女の雇用条件は平等でなければならない。
(남녀의 고용조건은 평등하지 않으면 안된다.)

② 終身雇用制は、今や過去の労働形態である。
(종신고용제는 이미 과거의 노동 형태이다.)

142 解雇 【名】【動】かいこ

雇っていた人を雇い主の都合でやめさせること。
[不当(ふとう)－]

例文 ① 経済不況の時には**解雇**が増え、労働争議が多くなる。
(경제 불황 시에는 해고가 늘고 노동쟁의가 많아진다.)

② リストラにより**解雇**された。
(정리해고로 해고되었다.)

143 退職 【名】【動】たいしょく

今まで勤めていた職をやめること。
[定年(ていねん)－・－金(きん)]

例文 ① 両親の介護のために、**退職**することにした。
(부모님을 모시기 위해 퇴직하기로 했다.)

② こんな会社はさっさと**退職**して、新しい会社を探すつもりだ。
(이런 회사는 바로 퇴직하고 새로운 회사를 찾을 생각이다.)

144 失業 【名】【動】しつぎょう

生計のための職業を失うこと、または、その職業を得られないこと。
[－者(しゃ)・－保険(ほけん)]

例文 ① 日本の**失業**率は5パーセントを超えている。
(일본의 실업률은 5%를 넘고 있다.)
② 政府は**失業**対策に多くの予算を組むべきだ。
(정부는 실업 대책에 많은 예산을 편성해야 한다.)

145 残業 【名】【動】ざんぎょう

規定時間後まで残って労働すること。また、その仕事。
［－手当(てあて)］

例文 ① ほとんど毎日**残業**がある。
(거의 매일 잔업이 있다.)
② **残業**手当が付くのは8時以降で、しかも高くもない。
(잔업수당이 붙는 것은 8시 이후이고, 게다가 높지도 않다.)

146 休暇 【名】きゅうか

会社・官庁・学校などで認められた、休日以外の休み。
［夏季(かき)－・有給(ゆうきゅう)－］

例文 ① 今年も有給**休暇**が残ってしまった。
(올해도 유급휴가가 남아버렸다.)
② 男性も積極的に育児**休暇**をとってほしい。
(남성들도 적극적으로 육아 휴가를 받았으면 한다.)

147 転勤 【名】【動】てんきん

同じ官庁、会社の内部で、勤務する場所が変わること。

例文 ① 福岡支店に**転勤**が決まった。
(후쿠오카 지점으로 전근이 정해졌다.)

② 来月、**転勤**する課長の送別会を行った。
(다음 달 전근할 과장의 송별회를 하였다.)

148 賃金 【名】ちんぎん

労力を提供した者が報酬として受け取るお金。

[－格差(かくさ)・－カット]

例文 ① 一時間当たりの**賃金**が思ったよりも高くて驚いた。
(시간당의 임금이 생각보다 높아서 놀랐다.)
② 低**賃金**でも我慢して働かなければならない。
(저임금이라도 참고 일해야 한다.)

149 給料 【名】きゅうりょう

労働の報酬として雇用主から支払われるお金。

[－日(び)]

例文 ① **給料**は、毎月、銀行に振り込まれる。
(급료는 매월 은행에 입금된다.)
② 私の会社の**給料**日は25日だ。
(우리 회사 봉급날은 25일이다.)

150 組合 【名】くみあい

目的や利害を同じくする人々が出資し合い、共同責任で事業をする約束で出来た組織体。

[労働(ろうどう)－・－運動(うんどう)]

例文 ① 彼は**組合**運動に熱心だ。
(그는 조합 운동에 열심이다.)

▼労働

② 大学には生活協同組合(生協)があり、書籍などが安く買える。
(대학에는 생활 협동 조합이 있어 서적 등을 싸게 살 수 있다.)

Part 6 交通
151~165

151 交通 【名】こうつう
人や乗り物が道路や線路などを通って、行ったり来たりすること。
[－違反(いはん)・－事故(じこ)]

例文 ① 家から学校まで**交通**の便がいい。
(집에서 학교까지 교통편이 좋다.)
② 大都会の**交通**機関の改善が必要だ。
(대도시 교통기관의 개선이 필요하다.)

152 輸送 【名】【動】ゆそう
まとまった量の物・人を運ぶこと。
[－機関(きかん)・－量(りょう)]

例文 ① 効率的な**輸送**計画を提出してください。
(효율적인 수송 계획을 제출해 주세요.)
② 中国への**輸送**量が増大している。
(중국으로 가는 수송량이 증대하고 있다.)

153 貨物 【名】かもつ
運搬・輸送する荷物。
[－列車(れっしゃ)・－船(せん)]

例文 ① 国内の**貨物**輸送の９割はトラックが占める。
(국내 화물수송의 9할은 트럭이 차지한다.)
② **貨物**列車が通過しますので、お気をつけください。
(화물열차가 통과하오니 조심하세요.)

154 鉄道 【名】てつどう

レールの上に車両を走らせ、人・荷物を運ぶ運輸機関の総称。また、その設備。
[―網(もう)・―車両(しゃりょう)]

例文 ① **鉄道**は重要な交通機関だ。
(철도는 중요한 교통기관이다.)
② 日本は全国隅々まで**鉄道網**が張り巡らされている。
(일본은 전국 구석구석까지 철도망이 뻗어있다.)

155 新幹線 【名】しんかんせん

在来線と別に、主要都市間を更に短時間で結ぶ特急鉄道幹線。
[東海道(とうかいどう)―・―通勤(つうきん)]

例文 ① 東京から大阪まで、**新幹線**では２時間半で行ける。
(도쿄에서 오사카까지 신칸센으로는 2시간 반 만에 갈 수 있다.)
② 東京近県から**新幹線**通勤をしている人も多い。
(도쿄 부근 현에서 신칸센 통근을 하고 있는 사람도 많다.)

156 (地下鉄) 【名】ちかてつ

都市などで、地下にトンネルを掘り、そこに敷設した鉄道。メトロ。

例文 ① スマートフォンの**地下鉄**路線図はとても便利だ。
(스마트 폰의 지하철 노선도는 매우 편리하다.)
② **地下鉄**銀座線の三越前で降りてください。
(지하철 긴자선 미쓰코시 앞에서 내리세요.)

157 (航空) 【名】こうくう

航空機で空中を飛行すること。
［－会社(かいしゃ)・－写真(しゃしん)］

例文 ① 効率が優先され、**航空**機の安全が二番目になっている。
(효율이 우선이고 항공기 안전이 두 번째로 되어 있다.)
② **航空**会社への就職は人気がある。
(항공 회사의 취직은 인기가 있다.)

158 (空港) 【名】くうこう

公共用飛行場。エアポート。
［国際(こくさい)－］

例文 ① インチョン**空港**を経由してヨーロッパに行く。
(인천공항을 경유해서 유럽으로 간다.)
② **空港**ビルが新しくなった。
(공항빌딩이 새로워졌다.)

159 高速 【名】こうそく

普通より速い速度。

[－道路(どうろ)・－バス]

例文 ① ソウルから釜山まで**高速**道路が走っている。
(서울에서 부산까지 고속도로가 뻗어있다.)

② **高速**大容量データ通信で、インターネットも早く接続できるようになった。
(고속 대용량 데이터통신으로, 인터넷도 빨리 접속할 수 있게 되었다.)

160 渋滞 【名】【動】じゅうたい

物事がスムーズに進まず、仕事・物・人がつかえること。

[交通(こうつう)－]

例文 ① 事務が**渋滞**して、予定の仕事が終わらなかった。
(사무가 밀려 예정된 일이 끝나지 않았다.)

② 週末の夕方は交通**渋滞**に巻き込まれる。
(주말 저녁은 교통 체증에 말려든다.)

161 往復 【名】【動】おうふく

行って再び戻ること。行きと帰り。

[－切符(きっぷ)・－葉書(はがき)]

例文 ① 毎日が家と会社の**往復**だけだ。
(매일이 집과 회사의 왕복뿐이다.)

② **往復**葉書でパーティの出席を確認する。
(왕복엽서로 파티의 출석을 확인한다.)

162 片道 【名】かたみち

行きか帰りかのどちらか一方。
[－切符(きっぷ)]

例文 ① いつ帰るかわからないので、**片道**切符で日本に行った。
(언제 돌아올지 몰라 편도 티켓으로 일본에 갔다.)
② **片道**2時間の道のりはあまりに遠い。
(편도 2시간의 거리는 너무 멀다.)

163 運賃 【名】うんちん

旅客・貨物の運送料金。
[航空(こうくう)－・格安(かくやす)－]

例文 ① 一年のうちに三回も地下鉄**運賃**が上がった。
(일 년 중에 3번이나 지하철 운임이 올랐다.)
② 格安**運賃**はいくらですか。
(아주 싼 운임은 얼마입니까?)

164 乗客 【名】じょうきゃく

乗り物に乗る、乗っている客。
[－名簿(めいぼ)]

例文 ① **乗客**の皆さん、車内では携帯電話を使用しないでください。
(승객 여러분,차 내에서는 휴대전화를 사용하지 말아 주십시오.)
② **乗客**名簿には彼の名前がなかった。
(승객 명부에는 그의 이름이 없었다.)

165 　駐車　【名】【動】ちゅうしゃ

自動車などをかなりの時間とめておくこと。

［－場（じょう）・－禁止（きんし）］

例文 ① このアパートには**駐車**場はありますか。
(이 아파트에는 주차장은 있습니까?)

② ここは**駐車**禁止です。
(여기는 주차금지입니다.)

Part 6 情報
166~180

166 情報 【名】じょうほう
ある事柄に関して伝達・入手されるデータの内容。
[気象(きしょう)−・−化社会(かしゃかい)]

例文 ① インターネットなどの**情報**手段を活用する。
(인터넷 등의 정보 수단을 활용한다.)
② IT社会では個人**情報**の保護が重要だ。
(IT사회에서는 개인 정보의 보호가 중요하다.)

167 通信 【名】【動】つうしん
情報を交換し、連絡をとること。
[−教育(きょういく)・−衛星(えいせい)]

例文 ① ネット**通信**の普及には目を見張るものがある。
(인터넷 통신 보급에는 놀랄만한 것이 있다.)
② **通信**教育で保育士の資格をとった。
(통신교육으로 보육사 자격을 땄다.)

168 報道 【名】【動】ほうどう
新聞・テレビ・ラジオなどのマスメディアがニュースを知らせること。ニュース。
[−機関(きかん)・−陣(じん)]

例文 ① プライバシーをめぐって**報道**のあり方が問題になった。
(프라이버시 침해를 둘러싸고 보도 태도가 문제시 되었다.)
② 現地からの**報道**によれば、大きな被害が出たようだ。
(현지 보도에 의하면 큰 피해가 난 것 같다.)

169 記事 【名】きじ

新聞・雑誌の中で、報道を主とした文章。
[三面(さんめん)－・一文(ぶん)]

例文 ① 新聞によって**記事**の扱い方が違う。
(신문에 따라 기사의 취급 방법이 다르다.)
② 事件や事故のニュースは三面**記事**である。
(사건과 사고의 뉴스는 삼면기사이다.)

170 取材 【名】【動】しゅざい

新聞・雑誌の記事の材料や作品の題材を、ある事件・人から取り集めること。
[－活動(かつどう)・－記者(きしゃ)]

例文 ① **取材**で日本各地を旅する。
(취재로 일본 각지를 여행한다.)
② この小説は伝説に**取材**している。
(이 소설은 전설에서 취재하고 있다.)

171 記録 【名】【動】きろく

後まで伝える必要のある事柄を書き記すこと。その書き記したもの。

[世界(せかい)－・－映画(えいが)]

例文 ① この裁判を記録に残すことはわれわれの責任だ。
(이 재판을 기록에 남기는 것은 우리들의 책임이다.)
② 世界記録が破られるのも時間の問題だ。
(세계기록이 깨지는 것도 시간문제다.)

172 出版 【名】【動】しゅっぱん

文書・絵画などを印刷して世間に広めること。
[自費(しゅっぱん)－・－社(しゃ)]

例文 ① 新しい美術全集の出版が待たれる。
(새로운 미술 전집의 출판이 기다려진다.)
② 自費出版にはお金がかかる。
(자비출판에는 돈이 든다.)

173 印刷 【名】【動】いんさつ

文字・絵・写真などから成る版を利用して、紙・布などに同一物をたくさん刷ること。
[活版(かっぱん)－・－物(ぶつ)]

例文 ① 今度のテキストはカラー印刷にしよう。
(이번 텍스트는 칼라인쇄로 하자.)
② 私のイラストを印刷してカードを作った。
(나의 일러스트를 인쇄하여 카드를 만들었다.)

174 放送 【名】【動】ほうそう

ラジオ・テレビで電波に乗せて種々の番組を送ること。

[生(なま)-・-局(きょく)]

例文 ① アメリカ大リーグの実況放送を担当した。
(미국 메이저리그의 실황방송을 담당했다.)
② NHK放送局に見学に行った。
(NHK방송국에 견학하러 갔다.)

175 (番組) 【名】ばんぐみ

放送・演芸・勝負事などの組合せ。また、その順序、出場者の役割などを書いたもの。プログラム。
[裏(うら)-・新(しん)-]

例文 ① お正月に向けて特集番組を組む。
(정월을 목표로 특집 프로그램을 편성한다.)
② 日韓合作のドラマは秋の新番組の目玉だ。
(한 일 합작 드라마는 가을의 새로운 프로의 중심이다.)

176 (視聴率) 【名】しちょうりつ

テレビで、ある番組が視聴を受ける率。
[-調査(ちょうさ)]

例文 ① 視聴率が低ければ、すぐ打ち切りになる。
(시청률이 낮으면, 바로 중단이 된다.)
② 視聴率調査はわずか数百世帯で行われている。
(시청률 조사는 겨우 수백 세대로 행해지고 있다.)

177 (入力) 【名】【動】にゅうりょく

機械・機構などに外部から供給するエネルギーや信号・情報。インプット。

［ー装置(そうち)・ー待(ま)ち］

例文 ① コンピュータにプログラムを入力する。
(컴퓨터 프로그램을 입력한다.)
② 入力ミスに注意してください。
(입력 실수에 주의해 주세요.)

178 送信/受信 【名】【動】そうしん/じゅしん
電気的な方法で通信を送ること。
他からの通信を受け取ること。
［ー機(き)・ー料(りょう)］

例文 ① 友人にメールを送信した。
(친구에게 메일을 송신했다.)
② 放送衛星からデジタル放送を受信する。
(방송위성으로부터 디지털 방송을 수신한다.)

179 検索 【名】【動】けんさく
調べて探し出すこと。インターネットに存在する情報を検索する機能とそのプログラム。
［ーエンジン］

例文 ① 必要な情報を検索した。
(필요한 정보를 검색했다.)
② 検索エンジンの大手はGoogleやYahoo!である。
(검색엔진의 대기업은 구글과 야후이다.)

180 掲示板 【名】けいじばん

インターネット上で、記事を書き込んだり、閲覧したり、コメントをつけられる仕組みのこと。

［電子(でんし)－］

例文 ① ネットの**掲示板**には、他人への非難や中傷が多くてうんざりする。
(인터넷 게시판에는 타인에 대한 비난이나 험담이 많아 식상하다.)

② **掲示板**に意見や情報を投稿することを「書き込み」と言う。
(게시판에 의견이나 정보를 투고하는 것을 '글쓰기'라고 한다.)

Part 7　科学
181～195

181　科学　【名】かがく

一定領域の対象を客観的な方法で系統的に研究する活動。また、その成果の内容。特に自然科学をさすことが多い。
［－技術(ぎじゅつ)・－者(しゃ)］

例文　① 科学の進歩は人類の生活を変えた。
(과학의 진보는 인류의 생활을 바꿨다.)
② 人文科学と社会科学の研究方法は同じではない。
(인문과학과 사회과학의 연구 방법은 같지 않다.)

182　観察　【名】【動】かんさつ

事物の現象を自然の状態のまま客観的に見ること。
［野外(やがい)－・－眼(がん)］

例文　① 顕微鏡で生物の組織を観察する。
(현미경으로 생물의 조직을 관찰한다.)
② 街を歩く人を観察するのもおもしろい。
(거리를 걷는 사람을 관찰하는 것도 재미있다.)

183　実験　【名】【動】じっけん

理論や仮説で考えられたことが実際の場合に当てはま

るかどうかを、いろいろの条件下で試してみること。
[動物(どうぶつ)ー・ー台(だい)]

例文 ① **実験**した結果をレポートにして提出すること。
(실험한 결과를 보고서로 작성하여 제출할 것.)
② 来週の化学の授業は**実験**室で行います。
(다음 주 화학 수업은 실험실에서 합니다.)

184 理論 【名】りろん

個々ばらばらの事柄を法則的・統一的に説明するため、また、認識を発展させるために筋道をつけて組み立てたもの。
[ーづけ・ー家(か)]

例文 ① **理論**ではそう言えても、実際にそうなるとは限らない。
(이론으로는 그렇게 말할 수 있어도 실제로 그렇게 된다고는 볼 수 없다.)
② アインシュタインは相対性**理論**を考え出した。
(아인슈타인은 상대성이론을 생각해냈다.)

185 技術 【名】ぎじゅつ

科学の原理を産業や医療・事務などの活動に役立てて、ものを生産したりする仕方・技。
[ー開発(かいはつ)・ー革新(かくしん)]

例文 ① **技術**を身につけるため、専門学校に入学したい。
(기술을 몸에 익히기 위해 전문학교에 입학하고 싶다.)

② レオナルドダヴィンチは**技術者**でもあった。
(레오나르도 다빈치는 기술자이기도 했다.)

▼科学

186 (開発)【名】【動】かいはつ
山林や原野を切り開いて、宅地・道路・空港・工場やリゾートなど、人間生活に直接役立つ用途に当てること。研究などを進めて実用化すること。
[研究(けんきゅう)－・リゾート－]

例文 ① 山地を**開発**して、リゾートタウンを作る計画だ。
(산지를 개발하여 리조트 타운을 건설할 계획이다.)
② 新製品の**開発**が進んでいる。
(신제품 개발이 진행되고 있다.)

187 (電子)【名】でんし
素粒子の一つ。物質を構成する最小の帯電粒子。エレクトロン。
[－書籍(しょせき)・－計算機(けいさんき)]

例文 ① 現代において**電子**メールのない生活は考えられない。
(현대에 있어서 전자메일이 없는 생활은 생각할 수 없다.)
② **電子**レンジで3分間加熱してください。
(전자레인지로 3분간 가열해 주세요.)

188 (原子力)【名】げんしりょく
プルトニウムなの原子核が分裂する際のエネルギー。
[－発電(はつでん)・－爆弾(ばくだん)]

例文 ① 原子力の平和利用を推進する。
(원자력의 평화이용을 추진한다.)
② 東京電力福島原子力発電所の事故を検証する。
(도쿄 전력 후쿠시마 원자력 발전소 사고를 검증한다.)

189 放射能 【名】ほうしゃのう
物質から放射線が放出される性質。
[－漏(も)れ]

例文 ① 放射能漏れにより、土地が汚染されてしまった。
(방사능 누출로 토지가 오염되어 버렸다.)
② 放射能を持つ物質はさまざまな医療分野に利用されている。
(방사능을 가진 물질은 여러 의료 분야에 이용되고 있다.)

190 生命 【名】せいめい
生物の活動を支える根源の力。物の存立・価値を支えるための一番大切なもの。
[－力(りょく)・－保険(ほけん)]

例文 ① 人間の生命は尊い。
(인간의 생명은 소중하다.)
② 汚職疑惑によって彼の政治生命も尽きた。
(부정 의혹 때문에 그의 정치생명도 다했다.)

191 細胞 【名】さいぼう
生物体を作っている、おもな単位。核を含む原形質の

かたまり。
［－組織(そしき)・－分裂(ぶんれつ)］

例文 ① **細胞**は生物体の基本構成単位である。
(세포는 생물체의 기본 구성 단위이다.)
② 神経**細胞**は刺激を受けて情報を伝達する。
(신경세포는 자극을 받아 정보를 전달한다.)

192　遺伝　【名】【動】いでん
生物の形質が親から子・孫に伝わる現象。また、伝わること。
［隔世(かくせい)－・－子(し)］

例文 ① 若い頃からの脱毛は親からの**遺伝**と言われている。
(젊었을 때부터의 탈모는 부모로부터의 유전이라고 한다.)
② **遺伝**子組み替え食品が問題になっている。
(유전자 조작 식품이 문제가 되고 있다.)

193　免疫　【名】めんえき
病原菌や毒素が体に入っても病気にかからない、かかりにくいような状態にあること。
［－体(たい)］

例文 ① 予防接種を受けて**免疫**をつくる。
(예방 접종을 받아 면역을 만든다.)
② 人気スターは中傷記事に**免疫**になっている。
(인기 스타는 흠집 내기 기사에 면역이 되어 있다.)

科学

194 （宇宙）【名】うちゅう
あらゆる天体を包み込んだ、われわれの周りに果てしなく広がる空間。
［小(しょう)－・－船(せん)］

例文 ① 宇宙旅行は現実のものとなりつつある。
(우주여행은 점점 현실화되고 있다.)
② 人間は小宇宙だ。
(인간은 소우주이다.)

195 （衛星）【名】えいせい
惑星の周りを公転する小さな天体。
［気象(きしょう)－・－放送(ほうそう)］

例文 ① 人工衛星の打ち上げに成功した。
(인공위성 발사에 성공했다.)
② 月は地球の衛星である。
(달은 지구의 위성이다.)

Part 7　環境
196〜210

196　環境　【名】かんきょう

そのものをとりまく外界。それと関係があり、それになんらかの影響を与えるものとして見た場合に言う。
［－保護(ほご)・－汚染(おせん)］

例文　① 都市化、工業化が進み、**環境**が悪化した。
(도시화, 공업화가 진행되어 환경이 악화되었다.)
② ゴルフ場開発は自然**環境**に大きな影響を与える。
(골프장 개발은 자연환경에 큰 영향을 준다.)

197　自然　【名】【形】しぜん

人手を加えない、物のありのままの状態。成行き。この世のあらゆる物の総称。
［－界(かい)・－発生(はっせい)］

例文　① 子どもたちのため**自然**を守りたい。
(어린이들을 위해 자연을 지키고 싶다.)
② 健康志向で**自然**食品がブームだ。
(웰빙으로 자연식품이 붐이다.)

198　資源　【名】しげん

産業の原料や材料になる物質。

［地下(ちか)―・人的(じんてき)―］

例文 ① 日本は天然**資源**に乏しい。
　　　　　(일본은 천연자원이 부족하다.)
　　　② **人的資源**の育成こそ重要課題だ。
　　　　　(인적 자원의 육성이야말로 중요 과제이다.)

199 地球 【名】ちきゅう

われわれ人類が住んでいる天体。太陽をまわる惑星の一つ。

［―儀(ぎ)・―上(じょう)］

例文 ① **地球**は水の惑星と言われている。
　　　　　(지구는 물의 혹성이라고 일컬어지고 있다.)
　　　② **地球**上にはさまざまな生物が共存している。
　　　　　(지구상에는 갖가지 생물이 공존하고 있다.)

200 生態 【名】せいたい

生物が自然界に生きている実際の状態。

［―系(けい)］

例文 ① 一度壊した**生態**系を再生するのは容易なことではない。
　　　　　(한번 파괴된 생태계를 재생하는 것은 만만한 일은 아니다.)
　　　② 大学生の**生態**をレポートする。
　　　　　(대학생의 생태를 보고한다.)

201 公害 【名】こうがい

工場の煤煙・汚水・自動車の排気ガス・騒音などのため

に、一般の人々の健康や日常生活が害されること。
［－対策(たいさく)・－病(びょう)］

例文 ① 経済の高度成長とともに**公害**が深刻化した。
(경제의 고도성장과 함께 공해가 심각해졌다.)
② 長い間、**公害**病で苦しんでいる人がいる。
(오랫동안 공해병으로 괴로워하는 사람이 있다.)

202 気象 【名】きしょう

天候・気温・風の強さなど、大気の状態・現象。
［－台(だい)・－観測(かんそく)］

例文 ① 今日は**気象**条件が悪い。
(오늘은 기상 조건이 나쁘다.)
② インターネットで最新の**気象**衛星画像を見ることができる。
(인터넷으로 최신 기상위성 화상을 볼 수 있다.)

203 予報 【名】【動】よほう

観測データなどに基づいて、天気などを事前に推測すること。また、その内容。
［天気(てんき)－・－官(かん)］

例文 ① 天気**予報**によると、明日は雨が降るそうだ。
(일기예보에 의하면, 내일은 비가 온다고 한다.)
② 今年の冬は雪が多いという長期**予報**が出た。
(올 겨울은 눈이 많이 내린다는 장기예보가 나왔다.)

環境

204 温暖 【名】【形】おんだん

気候がおだやかで暖かな様子。

[－前線(ぜんせん)]

例文 ① この地方は**温暖**な風土である。
(이 지방은 온난한 풍토이다.)
② **温暖**化現象は地球規模の深刻な問題だ。
(온난화 현상은 지구 규모의 심각한 문제이다.)

205 酸性 【名】さんせい

物質が酸の性質を持つこと。

[－雨(う)・－反応(はんのう)]

例文 ① **酸性**雨は土や植物に悪影響を与える。
(산성비는 토양과 식물에 악영향을 준다.)
② リトマス試験紙で**酸性**反応を確かめる。
(리트머스 시험지로 산성반응을 확인한다.)

206 海洋 【名】かいよう

広い大きな海。

[－漁業(ぎょぎょう)]

例文 ① **海洋**性気候の特徴は雨量が多く湿度が高い。
(해양성기후의 특징은 우량이 많고 습도가 높다.)
② 原始の**海洋**は35億年前に生じた。
(원시의 해양은 35억 년 전에 생겼다.)

207 大陸 【名】たいりく

地球上の広大な陸地。

［ユーラシア－・－棚（だな）］

例文 ① オリンピックのマークは**五大陸**をイメージしている。
(올림픽 마크는 5대륙을 이미지화하고 있다.)
② 日本はユーラシア**大陸**の東に位置する。
(일본은 유라시아 대륙의 동쪽에 위치한다.)

208 砂漠 【名】さばく

雨量が乏しくて植物がほとんど生育せず、岩石や砂ばかりの荒れ果てた荒野。

［－地帯（ちたい）］

例文 ① **砂漠**化は気象にも影響を与えることがある。
(사막화는 기상에도 영향을 주는 경우가 있다.)
② 春になると中国の**砂漠**地帯から黄砂が飛んでくる。
(봄이 되면 중국 사막지대에서 황사가 날아온다.)

209 地震 【名】じしん

地面が震動する現象。地殻内部の急激な変化によって起きる。

［大（おお）－・－帯（たい）］

例文 ① 大**地震**が発生し、津波によって多くの犠牲者が出た。
(큰 지진이 발생하여 해일에 의해 많은 희생자가 나왔다.)
② **地震**の予知技術の開発はかなり進んでいる。
(지진의 예측 기술의 개발은 꽤 진행되고 있다.)

環境

210 （洪水）【名】こうずい

多量の雨や雪どけによって、河川の水が増加し、あふれ出て土地を浸すこと。大水。
［－警報(けいほう)］

例文 ① **洪水**で河川地域の田畑が被害を受けた。
(홍수로 하천 지역의 논밭이 피해를 봤다.)
② 入場者が**洪水**のように押し寄せる。
(입장객이 홍수처럼 밀려온다.)

Part 8 医療・福祉
211〜225

211 医療 【名】いりょう
医師によって治療すること。
［緊急(きんきゅう)ー・ー機関(きかん)］

例文 ① 住民に質の高い**医療**を提供する。
(주민에게 질높은 의료를 제공한다.)
② 緊急**医療**制度の整備が必要だ。
(긴급 의료 제도의 정비가 필요하다.)

212 救急 【名】きゅうきゅう
急病人・負傷者に応急の手当を施すこと。
［ー車(しゃ)・ー病院(びょういん)］

例文 ① 急病人の**救急**車搬送に時間がかかりすぎる。
(응급 환자의 구급차 이송에 시간이 너무 걸린다.)
② 家に**救急**箱を常備しておきましょう。
(집에 약상자를 상비해 둡시다.)

213 診察 【名】【動】しんさつ
病状・原因等を判断するために医者が患者の体を調べること。
［ー室(しつ)・ー券(けん)］

例文 ① 病院に行って医者の**診察**を受けたほうがいい。
(병원에 가서 의사의 진찰을 받는 편이 좋다.)
② **診察**した結果、どこも異常はない。
(진찰한 결과 어디에도 이상은 없다.)

214 看護 【名】【動】かんご

けが人や病人の手当・世話をすること。看病。

[訪問(ほうもん)ー・ー師(し)]

例文 ① 将来、**看護**師の資格をとるつもりだ。
(장래에 간호사 자격을 취득할 생각이다.)
② 在宅で、父の**看護**をしてきた。
(재택근무로 아버지의 간호를 해왔다.)

215 患者 【名】かんじゃ

病気で医者の治療を受ける人。病気にかかっている人。

[入院(にゅういん)ー・外来(がいらい)ー]

例文 ① 医者は**患者**の生命を預かる。
(의사는 환자의 생명을 떠맡는다.)
② 一人一人ていねいに**患者**を診る。
(한 사람 한 사람 정성스럽게 환자를 진료한다.)

216 死亡 【名】【動】しぼう

人が死ぬこと。

[ー率(りつ)・ー者(しゃ)]

例文 ① 昨日の爆発事故では多くの**死亡**者が出た。
(어제 폭발 사고에서는 많은 사망자가 나왔다.)
② 予防医学の進歩で**死亡**率が下がった。
(예방의학의 진보로 사망률이 낮아졌다.)

217 健康 【名】【形】けんこう

すこやかさ。病気にかかっていず、元気で正常な状態。

[－診断(しんだん)・－食(しょく)]

例文 ① 年をとっても**健康**な体を保つ。
(나이가 들어서도 건강한 몸을 유지한다.)
② 毎年、学校で**健康**診断を行う。
(매년, 학교에서 건강진단을 실시한다.)

218 保健 【名】ほけん

健康を保ち続けること。

[－所(じょ)・－体育(たいいく)]

例文 ① **保健**所で生活習慣病の予防を呼びかける。
(보건소에서 생활 습관병 예방을 홍보한다.)
② 性教育を中学や高校の**保健**体育の授業で行う。
(성교육을 중학교와 고등학교의 보건 체육 수업에서 실시한다.)

219 福祉 【名】ふくし

満足すべき生活環境。

[社会(しゃかい)－・－国家(こっか)]

例文 ① 公共の**福祉**サービスの充実がこれからの課題だ。
(공공복지 서비스의 충실함이 앞으로의 과제이다.)

② 大学卒業後は社会**福祉**の仕事に取り組むつもりだ。
(대학 졸업 후에는 사회복지 일에 전념할 생각이다.)

220 介護 【名】【動】かいご

身体や精神が健全でない状態にある人の行為を助ける世話。

[在宅(ざいたく)-・-保険(ほけん)]

例文 ① **介護**保険で在宅サービスを受ける。
(간병 보험으로 재택 서비스를 받는다.)

② 四年間、両親を**介護**したが、精神的にも疲れてしまった。
(4년 동안 부모를 간병했는데 정신적으로도 지쳐버렸다.)

221 障害 【名】しょうがい

個人的な原因や社会的な環境により、心や身体上の機能が十分に働かず、活動に制限があること。

[発達(はったつ)-・-者(しゃ)]

例文 ① **障害**者のためのスポーツが盛んになってきている。
(장애인을 위한 스포츠가 유행하고 있다.)

② 自閉症は発達**障害**の一つである。
(자폐증은 발달 장애의 하나이다.)

▼医療・福祉

222 (高齢) 【名】こうれい

高い年齢。高年。
[－者(しゃ)・－出産(しゅっさん)]

例文 ① 日本は今後、**高齢**化がさらに進むだろう。
(일본은 앞으로 고령화가 계속 진행될 것이다.)
② **高齢**出産だったが、無事に赤ちゃんを産むことができた。
(고령 출산이었는데, 무사히 아이를 낳을 수가 있었다.)

223 (老人) 【名】ろうじん

年をとった人。年寄り。
[－病(びょう)・－ホーム]

例文 ① 元気な**老人**が増えている。
(건강한 노인이 늘고 있다.)
② 一人暮らしなので、**老人**ホームに入居する。
(혼자 살기 때문에 노인요양원에 입주한다.)

224 (保険) 【名】ほけん

偶然の事故によって生じる損害を補償するために保険金を定め、これに対し、あらかじめ一定の保険料を払う制度。
[生命(せいめい)－・－金(きん)]

例文 ① 社会人になったので、生命**保険**をかけることにした。
(사회인이 되었기 때문에 생명보험을 가입하기로 했다.)

② 交通事故に遭い、**保険金**をもらった。
(교통사고를 당하여 보험금을 받았다.)

225 　年金　【名】ねんきん

終身、または、一定期間にわたり、毎年定期的に一定の金額を給付する制度のもとで支給される金銭。厚生年金・国民年金など。
[国民(こくみん)－・－生活(せいかつ)]

例文 ① 来年から**年金**生活に入る。
(내년부터 연금 생활로 들어간다.)
② 政府は高齢者が増え、**年金**の支給開始を遅らせようといている。
(정부는 고령자가 증가하여 연금의 지급 개시를 지연시키려 하고 있다.)

Part 8　教育・スポーツ
226~240

226　教育　【名】【動】きょういく

人の心身両面にわたって、また、ある技能について、その才能を伸ばすために教えること。

[学校(がっこう)－・－基本法(きほんほう)]

例文 ① 最近は家庭**教育**が問題視されている。
(최근에는 가정교육이 문제시되고 있다.)
② 北欧の**教育**水準の高さが注目されている。
(북유럽 교육 수준이 높은 것이 주목 받고 있다.)

227　教養　【名】きょうよう

文化に関する広い知識を身につけることによって養われる心の豊かさ・たしなみ。

[一般(いっぱん)－・無(む)－]

例文 ① 礼儀正しく、**教養**のある人は尊敬されるものだ。
(예의 바르고 교양이 있는 사람은 존경받을 것이다.)
② **教養**を高めるために、たくさんの本を読もう。
(교양을 높이기 위해 많은 책을 읽자.)

228　知識　【名】ちしき

ある事柄について、いろいろと知ること。また、その

知り得た内容。

[―欲(よく)・―人(じん)]

例文 ① 知識を詰め込むだけの教育は問題だ。
(지식을 주입하는 것뿐인 교육은 문제이다.)
② あの人は知識人としての見識がある。
(그 사람은 지식인으로서의 견식이 있다.)

229 学習 【名】【動】がくしゅう

習い学ぶこと。特に学校などで、系統的に勉強すること。

[―塾(じゅく)・―教材(きょうざい)]

例文 ① 日本語学習に熱心に取り組んだ。
(일본어 학습에 열심히 노력했다.)
② 小学校入学のお祝いに学習机を買ってもらった。
(초등학교 입학 축하로 책상을 선물 받았다.)

230 児童 【名】じどう

年少の人間。

[待機(たいき)―・―文学(ぶんがく)]

例文 ① 待機児童解消のための政策が急がれる。
(대기 아동 해소를 위한 정책이 시급하다.)
② 児童虐待が疑われる場合は相談所に連絡をしてほしい。
(아동 학대가 의심되는 경우에는 상담소로 연락하기 바란다.)

231 心理 【名】しんり

心の動き。意識の状態・変化。

［臨床(りんしょう)－・－戦(せん)］

例文 ① 子どもの**心理**状態に寄り添うことが重要だ。
(어린이의 심리 상태에 다가서는 것이 중요하다.)
② **群集心理**に惑わされることこそ危険である。
(군중심리에 현혹되는 것이야말로 위험하다.)

232 人間 【名】にんげん

われわれがそれであるところの人。

［－関係(かんけい)・－味(み)・仕事(しごと)－］

例文 ① 社会に役に立つ**人間**になりたい。
(사회에 도움이 되는 인간이 되고 싶다.)
② 彼は良くできた**人間**だ。
(그는 인격적으로 잘 형성된 사람이다.)

233 生涯 【名】しょうがい

その人が生きている間。

［－学習(がくしゅう)・－(いっ)－］

例文 ① これからの大学の役割は**生涯**教育の推進である。
(앞으로 대학의 역할은 평생교육 추진이다.)
② 学生の時の自転車旅行は**生涯**の思い出になった。
(학생 시절 자전거 여행은 평생의 추억이 되었다.)

234 体育 【名】たいいく

運動を通して身体の発達を促し、運動能力や健康な生活を営む態度を養うことを目的とする教育。また、その教科。
[―館(かん)・―大会(たいかい)]

例文 ① 生徒集会を行いますので、**体育**館に集合してください。
(학생 집회를 거행하겠으니 체육관에 집합해 주세요.)
② 「**体育**の日」は東京オリンピックを記念して制定された。
(〈체육의 날〉은 도쿄올림픽을 기념하여 제정되었다.)

235 運動 【名】【動】うんどう

位置を変えて動くこと。体を鍛え健康を保つために体を動かすこと。目的達成のために、いろいろな方面に働きかけて努力すること。
[―会(かい)・―神経(しんけい)]

例文 ① 毎日、朝起きると、軽く**運動**する。
(매일 아침 일어나면 가볍게 운동한다.)
② 激しい選挙**運動**が繰り広げられた。
(격렬한 선거운동이 전개되었다.)

236 選手 【名】せんしゅ

ある資格を持って、その競技・試合に出場し技能を競う人。
[―権(けん)・―交替(こうたい)]

▼教育・スポーツ

> 例文 ① 私は小学校の時、必ずリレーの**選手**に選ばれた。
> (나는 초등학교 때, 항상 릴레이 선수로 뽑혔다.)
> ② 試合中の大けがによって**選手**生命が絶たれた。
> (시합 중 큰 부상으로 선수 생명이 끝났다.)

237 競技 【名】【動】きょうぎ

技術の優劣を争うこと。特にスポーツの試合をすること。また、スポーツのこと。
[陸上(りくじょう)－・－場(じょう)]

> 例文 ① 私は見るのもするのも、陸上**競技**が好きだ。
> (나는 보는 것도 하는 것도 육상경기가 좋다.)
> ② オリンピックの誘致には**競技**場の建設が必要だ。
> (올림픽 유치에는 경기장 건설이 필요하다.)

238 試合 【名】しあい

競技や武芸などで互いに腕を比べ勝敗を争うこと。
[国際(こくさい)－・泥(どろ)－]

> 例文 ① 隣の高校とバスケットボールの**試合**がある。
> (이웃 고등학교와 농구 시합이 있다.)
> ② サッカーの国際**試合**はいつもエキサイティングだ。
> (축구 국제 시합은 언제나 익사이팅하다.)

239 練習 【名】【動】れんしゅう

技術や芸事などが上達するように同じ事を何度も繰り

返して習うこと。
[－不足(ふそく)・－試合(しあい)]

例文 ① 何度も**練習**すれば、外国語も上達する。
　　　　　(여러 번 연습하면 외국어도 능숙해진다.)
　　② **練習**不足のため、試合に負けてしまった。
　　　　　(연습 부족 때문에 시합에 져버렸다.)

240　応援　【名】【動】おうえん

力を添えて助けること。加勢。競技で拍手をし、声をかけて、味方やひいきの選手を励ますこと。
[－演説(えんぜつ)・－団(だん)]

例文 ① マラソン大会に出る友人を**応援**する。
　　　　　(마라톤 대회에 나가는 친구를 응원한다.)
　　② 選挙の**応援**演説にかけつける。
　　　　　(선거 응원 연설에 달려간다.)

 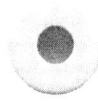

文化・宗教

241 文化 【名】ぶんか
その人間集団の構成員に共通の価値観を反映した、物心両面にわたる活動の様式の総称。また、それによって創り出されたもの。
[－財(ざい)・－住宅(じゅうたく)]

例文 ① 日本**文化**の特質を考える。
(일본 문화의 특질을 생각한다.)
② 渋谷に行けば、日本の若者**文化**に出会うことができる。
(시부야에 가면 일본 젊은층의 문화를 만나 볼 수가 있다.)

242 伝統 【名】でんとう
昔からうけ伝えてきた有形・無形の風習・しきたり・傾向・様式。特に、その精神的な面。
[－文化(ぶんか)・－芸能(げいのう)]

例文 ① 日本の茶道は長い**伝統**を有している。
(일본의 다도는 오랜 전통을 가지고 있다.)
② 私の高校は**伝統**的に野球部が強い。
(우리 고등학교는 전통적으로 야구부가 강하다.)

243 芸能 【名】げいのう

映画・演劇・歌謡・舞踊・落語など、大衆的娯楽の総称。演芸。
[－界(かい)・－人(じん)]

例文 ① 伝統芸能は人々によって伝承され、守られている。
(전통예능은 사람들에 의해 전승되고 지켜지고 있다.)
② タレントのうわさ話などの芸能ニュースを見るのが大好きだ。
(탤런트의 소문 등의 연예 뉴스를 보는 것을 매우 좋아한다.)

244 遺産 【名】いさん

死後に残された財産。前代の人が残した業績。
[－相続(そうぞく)・文化(ぶんか)－]

例文 ① 父の遺産を相続した。
(아버지의 유산을 상속받았다.)
② 原爆ドームはユネスコの世界遺産に登録されている。
(원폭 돔은 유네스코의 세계유산에 등록되어 있다.)

245 国宝 【名】こくほう

国の宝。特に、国家が指定して特別に保護・管理する建築物や美術品など。
[人間(にんげん)－]

例文 ① 国の重要な文化財は国宝に指定される。
(나라의 중요한 문화재는 국보로 지정된다.)

Part 9 241~255 文化・宗教

241 文化 【名】ぶんか

その人間集団の構成員に共通の価値観を反映した、物心両面にわたる活動の様式の総称。また、それによって創り出されたもの。
[－財(ざい)・－住宅(じゅうたく)]

例文 ① 日本文化の特質を考える。
(일본 문화의 특질을 생각한다.)
② 渋谷に行けば、日本の若者文化に出会うことができる。
(시부야에 가면 일본 젊은층의 문화를 만나 볼 수가 있다.)

242 伝統 【名】でんとう

昔からうけ伝えてきた有形・無形の風習・しきたり・傾向・様式。特に、その精神的な面。
[－文化(ぶんか)・－芸能(げいのう)]

例文 ① 日本の茶道は長い伝統を有している。
(일본의 다도는 오랜 전통을 가지고 있다.)
② 私の高校は伝統的に野球部が強い。
(우리 고등학교는 전통적으로 야구부가 강하다.)

243 芸能 【名】げいのう

映画・演劇・歌謡・舞踊・落語など、大衆的娯楽の総称。演芸。
[－界(かい)・－人(じん)]

例文 ① 伝統芸能は人々によって伝承され、守られている。
(전통예능은 사람들에 의해 전승되고 지켜지고 있다.)
② タレントのうわさ話などの芸能ニュースを見るのが大好きだ。
(탤런트의 소문 등의 연예 뉴스를 보는 것을 매우 좋아한다.)

244 遺産 【名】いさん

死後に残された財産。前代の人が残した業績。
[－相続(そうぞく)・文化(ぶんか)－]

例文 ① 父の遺産を相続した。
(아버지의 유산을 상속받았다.)
② 原爆ドームはユネスコの世界遺産に登録されている。
(원폭 돔은 유네스코의 세계유산에 등록되어 있다.)

245 国宝 【名】こくほう

国の宝。特に、国家が指定して特別に保護・管理する建築物や美術品など。
[人間(にんげん)－]

例文 ① 国の重要な文化財は国宝に指定される。
(나라의 중요한 문화재는 국보로 지정된다.)

文化・宗教

② 歌舞伎役者の二代目中村吉右衛門は人間国宝である。
(가부키 배우 2대째인 나카무라 키치에몽은 인간국보이다.)

246 保存 【名】【動】ほぞん

そのままの状態を保つようにして、とっておくこと。
[永久(えいきゅう)－・－食(しょく)]

例文 ① 縄文時代の遺跡を保存する。
(조몬 시대의 유적을 보존한다.)
② キムチは保存がきき、すぐれた健康食品だ。
(김치는 보존이 잘 되며 훌륭한 건강식품이다.)

247 民族 【名】みんぞく

人種と違って言語・宗教・生活慣習など、文化的な観点から見て、共通意識をいだいているひとまとまりの人々。
[少数(しょうすう)－・－主義(しゅぎ)]

例文 ① 民族はそれぞれ独自の文化を持つ。
(민족은 각각 독자의 문화를 가진다.)
② 中国には多くの少数民族が暮らしている。
(중국에는 많은 소수민족이 살고 있다.)

248 風土 【名】ふうど

その土地の状態・気候・地味など。
[精神(せいしん)－・－病(びょう)]

例文 ① 国民性と**風土**とは深い関係がある。
   (국민성과 풍토는 깊은 관계가 있다.)
   ② 長く住んでいると、その国の**風土**になじむものだ。
   (오랫동안 살고 있으면 그 나라 풍토에 익숙해지는 것이다.)

249 風俗 【名】ふうぞく

その地域・時代を特徴づける衣食住の仕方や一定の行事。
[－営業(えいぎょう)]

例文 ① 明治の**風俗**がわかる貴重な写真だ。
   (메이지 시대 풍속을 알 수 있는 귀중한 사진이다.)
   ② 新宿歌舞伎町には**風俗**営業の店が多い。
   (신주쿠 가부키초에는 풍속 영업을 하는 가게가 많다.)

250 固有 【名】こゆう

他のものにはなく、そのものの特徴として有る様子。
[－名詞(めいし)]

例文 ① ひらがなとカタカナは日本**固有**の文字である。
   (히라가나와 가타카나는 일본 고유의 문자이다.)
   ② 山や川、動物名は**固有**名詞である。
   (산과 바다, 동물명은 고유명사이다.)

251 宗教 【名】しゅうきょう

神、または、何らかのすぐれて導く神聖なものに関する信仰。また、その教えやそれに基づく行い。
[－心(しん)・新興(しんこう)－]

文化・宗教

例文 ① 日本には仏教、神道、キリスト教などの**宗教**が並存している。
(일본에는 불교, 신도, 기독교 등의 종교가 공존하고 있다.)
② 1517年、**宗教**改革がルターによってなされた。
(1517년, 종교개혁이 루터에 의해서 이루어졌다.)

252 思想 【名】しそう

その人の生活行動を規定し、統一する所の人生観・社会観・政治観などの総合されたもの。
[－家(か)・－犯(はん)]

例文 ① 野生動物愛護の**思想**が高まっている。
(야생동물 애호 사상이 높아지고 있다.)
② 人間は**思想**・信条の自由が保障されなければならない。
(인간은 사상・신조의 자유가 보장되지 않으면 안된다.)

253 仏教 【名】ぶっきょう

釈迦が紀元前五世紀ごろ、インドで始めた宗教。悟りを開き、また、救いにより成仏して宗教的自覚者となることを目的とする。
[－美術(びじゅつ)・－寺院(じいん)]

例文 ① **仏教**はインドで起こり、主に東アジアに広がった。
(불교는 인도에서 일어나 주로 동아시아에 퍼졌다.)
② 生き物を大切にすることは**仏教**的な教えの一つだ。
(생물을 소중히 하는 것은 불교적인 가르침의 하나다.)

254 神道 【名】しんとう

日本の民族信仰として伝えられた道。天照大神(アマテラスオオミカミ)を始め国家的・民族的な基礎を持つ神々を祀り、その教えを尊ぶ信仰。
[国家(こっか)－]

例文 ① **神道**は日本固有の民族宗教である。
(신도는 일본 고유의 민족종교이다.)
② 明治以降、国家**神道**が形成されたが、第二次世界大戦後に解体された。
(메이지 이후, 국가 신도가 형성되었는데, 제2차 세계대전 후에 해체되었다.)

255 儒教 【名】じゅきょう

古代中国で起こった孔子の思想に基づく教え。四書五経を経典とする。

例文 ① **儒教**は東アジア全体の文化に大きな影響を与えた。
(유교는 동아시아 전체 문화에 큰 영향을 주었다.)
② 朝鮮時代は**儒教**が国教だった。
(조선 시대에는 유교가 국교였다.)

芸術

256 芸術 【名】げいじゅつ

文芸・絵画・彫刻・音楽・演劇など、独特の表現様式によって美を創作・表現する活動。また、その作品。
［－家（か）・－品（ひん）］

例文 ① ニューヨークは新しい芸術の中心地だ。
(뉴욕은 새로운 예술의 중심지이다.)
② その指輪は芸術品としても一級だ。
(그 반지는 예술품으로서도 1급이다.)

257 作品 【名】さくひん

心をこめて制作したもの。文芸・美術・工芸など芸術上の制作物。
［芸術（げいじゅつ）－・－物（ぶつ）］

例文 ① 専門学校の卒業制作作品展示会があります。
(전문학교의 졸업 제작 작품 전시회가 있습니다.)
② ルノアールの作品はいつ見ても美しい。
(르누아르의 작품은 언제 보아도 아름답다.)

258 対象 【名】たいしょう

精神活動が向けられるもの。目標・相手。
［研究（けんきゅう）－］

例文 ① 日本における韓流ブームは研究対象としても興味深い。
(일본의 한류 열풍은 연구 대상으로서도 흥미롭다.)
② 子どもを対象とした番組を制作する。
(어린이를 대상으로 한 프로그램을 제작한다.)

259 表現 【名】【動】ひょうげん

心に思うこと、感ずることを、色・音・言語・所作などの形によって表しだすこと。また、その表した形。
[映像(えいぞう)ー・自己(じこ)ー]

例文 ① 愛情の表現は人によってさまざまだ。
(애정 표현은 사람에 따라 여러 가지이다.)
② この芝居は演出家の意図がよく表現されている。
(이 연극은 연출가의 의도가 잘 표현되어 있다.)

260 創造 【名】【動】そうぞう

新しいものを自分の考えで創り出すこと。神が宇宙を創り出すこと。
[天地(てんち)ー]

例文 ① 最近の子どもたちに不足しているのは創造的能力ではないか。
(요즘 어린이들에게 부족한 것은 창조적 능력이 아닐까?)
② ラスコー洞窟の壁画にはエネルギッシュな創造性が見られる。
(라스코 동굴벽화에서는 활발한 창조성이 보여진다.)

261 想像　【名】【動】そうぞう
実際に知覚に与えられていない物事を心の中に思い浮かべること。
[－妊娠(にんしん)・－力(りょく)]

例文 ① 竜は**想像**上の動物だ。
(용은 상상의 동물이다.)
② **想像**力を逞しくしてほしい 。
(상상력을 왕성하게 길렀으면 한다.)

262 美術　【名】びじゅつ
美の視覚的表現をめざす芸術。絵画・彫刻・建築・写真など。
[－品(ひん)・－館(かん)]

例文 ① 仏教は日本の**美術**に大きな影響を与えた。
(불교는 일본의 미술에 큰 영향을 주었다.)
② **美術**品の輸送には細心の注意が必要だ。
(미술품의 수송에는 세심한 주의가 필요하다.)

263 絵画　【名】かいが
絵。
[抽象(ちゅうしょう)－・－展(てん)]

例文 ① ヨーロッパの**絵画**の歴史について学ぶ。
(유럽 회화의 역사에 대해 배운다.)
② 新聞社主催の**絵画**展に出品して特賞をもらった。
(신문사 주최 회화전에 출품하여 특상을 받았다.)

264 音楽 【名】おんがく

音による芸術。器楽と声楽とがある。
[映画(えいが)ー・ー会(かい)]

例文 ① 好きな**音楽**を聞きながら紅茶を味わう。
(좋아하는 음악을 들으면서 홍차를 음미한다.)

② 彼は**音楽**的にもすぐれたセンスを持っている。
(그는 음악적으로도 탁월한 센스를 가지고 있다.)

265 作曲 【名】【動】さっきょく

詩や歌に節をつけること。楽曲を創作すること。
[ー家(か)・ー法(ほう)]

例文 ①「イマジン」はジョンレノンによって**作曲**された。
('imagine'은 존 레논에 의해 작곡되었다.)

② コンサートで新人**作曲**家の作品が演奏された。
(콘서트에서 신인 작곡가의 작품이 연주되었다.)

266 演劇 【名】えんげき

俳優が演出者の指導のもとに脚本に従って演技し、観客に見せる総合芸術。芝居。劇。
[大衆(たいしゅう)ー・ー界(かい)]

例文 ① シェークスピアの**演劇**は世界中で上演されている。
(셰익스피어의 연극은 전 세계에서 상연되고 있다.)

② 自主劇団で演劇祭に参加した。
(아마추어 극단을 결성하여 연극제에 참가했다.)

267 （舞台）【名】ぶたい
演劇などで、演劇を見せるための普通は見物席より高く台になっている場所。ステージ。
[－裏(うら)・－装置(そうち)]

例文 ① 長年の夢がかなって晴れの舞台に立つことができた。
(오랫동안 품어왔던 꿈이 이루어져 공식 무대에 설 수가 있었다.)
② 世界を舞台に活躍するファッションデザイナーになりたい。
(세계를 무대로 활약하는 패션 디자이너가 되고 싶다.)

268 （歌舞伎）【名】かぶき
江戸時代に発達・完成した日本の演劇。
[－座(ざ)・－役者(やくしゃ)]

例文 ① 歌舞伎は江戸時代のエンターテイメントだった。
(가부키는 에도 시대의 엔터테인먼트였다.)
② 歌舞伎役者は世襲制である。
(가부키 배우는 세습제이다.)

269 （能）【名】のう
室町時代に田楽などを基にして、世阿弥によって完成された動きの少ない極度に様式化された劇。

[ー舞台(ぶたい)・ー装束(しょうぞく)]

例文 ① 能は世阿弥によって完成された。
(노는 제아미에 의해 완성되었다.)
② 夏の夜、野外で見る薪能は幻想的で美しい。
(여름밤, 야외에서 보는 다키기노는 환상적이고 아름답다.)

270 映画 【名】えいが

高速度で連続撮影されたフィルムを映像機で映像幕に連続投影した映像によって、形や動きを再現するもの。
[ハリウッドー・ー撮影(さつえい)]

例文 ① 恋人ができたら、いっしょに映画を見たい。
(애인이 생기면 함께 영화를 보고 싶다.)
② 釜山国際映画祭は毎年10月に開催される。
(부산 국제 영화제는 매년 10월에 개최된다.)

Part 10 文学・言語
271~285

271 文学 【名】ぶんがく
言語によって表現される芸術作品。文芸。または、文芸を研究する学問。
[近代(きんだい)－・－者(しゃ)]

例文 ① 彼は小説、詩、物語、随筆などの**文学**に詳しい。
(그는 소설, 시, 모노가타리, 수필 등의 문학을 자세히 알고 있다.)
② 日本の近代**文学**を研究するなら、まず夏目漱石と森鴎外を読みなさい。
(일본 근대문학을 연구하려면, 우선 나쓰메 소세키와 모리 오가이의 작품을 읽으시오.)

272 小説 【名】しょうせつ
文学の一形態。作者の構想を通じて、人物や事件、人間社会を描き出そうとする、話の筋をもった散文体の作品。
[私(し)－・長編(ちょうへん)－]

例文 ① 寝る前に**小説**を読むのが習慣だ。
(자기 전에 소설을 읽는 것이 습관이다.)
② 最近若い女性に推理**小説**ファンが増えている。
(최근 젊은 여성들 사이에 추리소설 팬이 늘고 있다.)

273 随筆 【名】ずいひつ

心に浮かんだ事、見聞きした事などを筆にまかせて書いた文章。また、そういう文体の作品。
[－家(か)]

例文 ① **随筆**はテーマが日常的で、読みやすい。
(수필은 테마가 일상적이어서 읽기 쉽다.)
② 平安時代の『枕草子』は女性によって書かれた初めての**随筆**集だ。
(헤이안 시대의 『마쿠라노소시』는 여성에 의해 쓰여진 최초의 수필집이다.)

274 詩 【名】し

文芸の一形態。人間の生活・自然観照から得た感動を一種のリズムをもつ言語形式で表したもの。
[叙情(じょじょう)－・－人(じん)]

例文 ① **詩**集を自費出版した。
(시집을 자비 출판했다.)
② **詩**の翻訳は小説よりも難しい。
(시의 번역은 소설보다 어렵다.)

275 和歌 【名】わか

日本固有の形式による詩・長歌・短歌・旋頭歌などの総称。特に、短歌。
[－集(しゅう)・宮廷(きゅうてい)－]

例文 ① 明治以前に作られた短歌を**和歌**と言う。
(메이지 이전에 만들어진 단가를 와카라고 한다.)

② 平安時代にはすぐれた**和歌**を詠む歌人が多かった。
(헤이안 시대에는 훌륭한 와카를 노래한 가인이 많았다.)

276 俳句 【名】はいく

5・7・5の17音から成る短い詩。発句。

例文 ① 国語の授業で**俳句**を作った。
(국어 수업 시간에 하이쿠를 지었다.)

② **俳句**は世界一短い詩と言われている。
(하이쿠는 세계 제일의 짧은 시라고 일컬어지고 있다.)

277 古典 【名】こてん

古い時代に出来、現在まで、なんらかの価値が認められてきた本。または、芸術作品。
［－劇(げき)・－音楽(おんがく)］

例文 ① 『源氏物語』は日本の**古典**文学の代表的な物語である。
(『겐지모노가타리』는 일본 고전문학의 대표적인 모노가타리이다.)

② モーツアルトは**古典**派に属する。
(모차르트는 고전파에 속한다.)

278 翻訳 【名】【動】ほんやく

ある言語で表現された文章の内容を原文に即して他の言語に移しかえること。
［同時(どうじ)－・－家(か)］

例文 ① トルストイの小説を**翻訳**する。
(톨스토이의 소설을 번역한다.)
② **翻訳**によって、微妙にニュアンスが違うのは仕方ない。
(번역에 따라 미묘하게 뉘앙스가 다른 것은 어쩔 수 없다.)

279 言語 【名】げんご

一定の決まりに従い音声や文字・記号を連ねて意味を表すもの。また、その総称。そういうひとまとまりの形式的な体系。ことば。
[日常(にちじょう)－・－障害(しょうがい)]

例文 ① 世界中ではさまざまな**言語**が話されている。
(세계 각지에서는 여러 가지 언어가 사용되고 있다.)
② この風景は**言語**に絶する美しさだ。
(이 풍경은 언어로 표현할 수 없는 아름다움이다.)

280 外来語 【名】がいらいご

もと外国語だったものが、国語の中に取り入れられた言葉。

例文 ① 欧米文化の摂取によって、外国語が**外来語**として定着した。
(구미 문학의 도입으로 외국어가 외래어로서 정착했다.)
② 日本語では**外来語**はカタカナで表記する。
(일본어에서는 외래어는 가타카나로 표기한다.)

281 題材 【名】だいざい

芸術作品や学術研究のモチーフになるもの。

例文 ① 戦争を**題材**にした小説が映画化された。
(전쟁을 제재로 한 소설이 영화화 되었다.)
② 卒業論文の**題材**を日本留学中に得た。
(졸업논문의 제재를 일본 유학 중에 얻었다.)

282 描写 【名】【動】びょうしゃ
あるがままの姿をうかび上がらせるように、描き出すこと。
[心理(しんり)－]

例文 ① 浮世絵には昔の風俗がよく**描写**されている。
(우키요에에는 옛날 풍속이 잘 묘사되어 있다.)
② この作品は登場人物の心理**描写**がよく描かれている。
(이 작품은 등장인물의 심리묘사가 잘 그려져 있다.)

283 解釈 【名】【動】かいしゃく
文章や物事の意味を受け手の側から理解すること。また、その理解したところを説明すること。その内容。

例文 ① このラストシーンは**解釈**が分かれる所だ。
(이 라스트 신은 해석이 나누어지는 부분이다.)
② 彼が書いたとしか**解釈**のしようがない。
(그가 썼다고 해석할 수밖에 없다.)

284 批評 【名】【動】ひひょう
物事の良い点、悪い点などを指摘して、その価値を論じること。
[映画(えいが)－・－眼(がん)]

例文 ① 習作を先輩に**批評**してもらった。
(습작을 선배가 비평해 주었다.)
② 新聞に掲載される新刊本の**批評**を参考にしている。
(신문에 게재되는 신간본 비평을 참고로 하고 있다.)

285 　評論　【名】【動】ひょうろん

物事の良し悪し・優劣・価値などについて論ずること。また、その文章。
［文芸(ぶんげい)—・—家(か)］

例文 ① 作品の芸術性について、**評論**家の意見が分かれた。
(작품의 예술성에 대해 평론가의 의견이 나뉘어졌다.)
② 最新の映画について**評論**する機会を得た。
(최신 영화에 대해 평론할 기회를 얻었다.)

Part 10　歴史
286~300

286　歴史　【名】れきし
人間社会が経て来た流動・変遷の姿。その記録。
[ー観(かん)・ー上(じょう)]

例文　① **歴史**を学ぶことは現在の世界を理解することにつながる。
(역사를 배우는 것은 현재의 세계를 이해하는 것으로 이어진다.)

② **歴史**上の人物では誰が好きですか。
(역사상의 인물로는 누구를 좋아합니까?)

287　東洋/西洋　【名】とうよう/せいよう
アジア諸国の総称。
日本や中国、韓国などから欧米の諸国をさしていう語。欧米。
[ー人(じん)・ー風(ふう)]

例文　① シルクロードは**東洋**と西洋を結ぶ道となった。
(실크로드는 동양과 서양을 잇는 길이 되었다.)

② 日本に**西洋**思想が流入されたのは明治以降だ。
(일본으로 서양사상이 유입된 것은 메이지 이후이다.)

288 文明 【名】ぶんめい

世の中が進み、精神的・物質的に生活が豊かである状態。
[物質(ぶっしつ)－・西欧(せいおう)－]

例文 ① 世界の四大**文明**はいずれも大河流域に発祥している。
(세계 4대 문명은 모두 큰 하천 유역에서 발상하고 있다.)
② 機械**文明**によって失われた人間性を取り戻したい。
(기계문명에 의해 잃어버린 인간성을 되찾고 싶다.)

289 人類 【名】じんるい

人間を他の動物と区別して言うときの語。
[－愛(あい)]

例文 ① **人類**の祖先についてさまざまな学説がある。
(인류 조상에 대해 여러 가지 학설이 있다.)
② 20世紀は**人類**始まって以来の激動期だった。
(20세기는 인류 시작 이래의 격동기였다.)

290 先祖 【名】せんぞ

家系の初代。一家の現存者以前の人々。
[－代々(だいだい)・－伝来(でんらい)]

例文 ① 母方の**先祖**は旧伯爵家だった。
(어머니 쪽 선조는 오랜 백작가문이었다.)
② **先祖**代々受け継がれた田畑を守ってきた。
(조상 대대로 이어받은 전답을 지켜왔다.)

291 伝来 【名】【動】でんらい
祖先から代々、また、外国から伝わってくること。
［先祖(せんぞ)－］

例文 ① 仏教は、中国、朝鮮半島を経て六世紀ごろ日本に**伝来**した。
(불교는 중국, 조선 반도를 거쳐 6세기경 일본으로 전래되었다.)
② 鉄砲**伝来**は1543年ポルトガル人によってなされたと言われている。
(대포의 전래는 1543년 포르투갈인에 의해 전해졌다고 한다.)

292 神話 【名】しんわ
その氏族・部族・民族の神を中心にして、往古の事実として伝えられた説話。
［ギリシア－・－時代(じだい)］

例文 ① ギリシア**神話**は世界中で読まれている。
(그리스 신화는 전 세계에서 읽히고 있다.)
② 日本の建国**神話**は『古事記』に詳しい。
(일본의 건국신화는 『고지키』에 자세히 기록되어 있다.)

293 古墳 【名】こふん
土を高く盛った古代の墓。
［－時代(じだい)］

例文 ① 慶州には新羅時代の**古墳**がたくさんある。
(경주에는 신라 시대의 고분이 많이 있다.)
② **古墳**発掘によって、新たな発見があった。
(고분 발굴로 새로운 발견이 있었다.)

294 　天皇　【名】てんのう
日本の象徴としての君主。
[－制(せい)・象徴(しょうちょう)－]

例文 ① 天皇と皇后は皇居に住んでいる。
(천황과 황후는 황궁에 살고 있다.)
② 天皇制の存在は日本人の思想に大きく影響している。
(천황제의 존재는 일본인의 사상에 큰 영향을 주고 있다.)

295 　封建　【名】ほうけん
君主が公領(＝君主の直轄領)以外の土地を諸侯に分け与えて、それぞれにその領地を治めさせること。
[－制(せい)・－主義(しゅぎ)]

例文 ① 封建時代は激しい身分制度が存在した。
(봉건 시대에는 엄격한 신분제도가 존재했다.)
② 女性に対して封建的な考え方を持っている男性も多い。
(여성에 대해 봉건적인 사고방식을 가지고 있는 남성도 많다.)

296 　幕府　【名】ばくふ
武家時代に将軍が政務を執った所・機構。
[江戸(えど)－]

例文 ① 1603年、徳川家康によって江戸幕府が開かれた。
(1603년, 도쿠가와 이에야스에 의해 에도 막부가 시작되었다.)

② 江戸時代、佐渡島は幕府直轄地として金の採掘が行われた。
(에도 시대에 사도 섬은 막부 직할지로서 금채굴이 행해졌다.)

297 武士 【名】ぶし
昔、百姓・商人の上の階級。武道によって主君に仕えた侍。
[－道(どう)]

例文 ① 江戸時代、武士階級には多くの特権があった。
(에도 시대에 무사 계급에는 많은 특권이 있었다.)
② 武士道は自己の精神鍛練に禅を取り入れた。
(무사도는 자기 정신 단련을 위해 선을 받아들였다.)

298 鎖国 【名】【動】さこく
外国との通商や交通を禁止すること。
[－令(れい)]

例文 ① 日本の鎖国は1639年から1853年まで、二百余年続いた。
(일본의 쇄국은 1639년부터 1853년까지 200여 년 계속되었다.)
② 鎖国時代でも、オランダと中国、朝鮮から海外の情報は伝えられた。
(쇄국 시대에도, 네덜란드와 중국, 조선에서 해외 정보는 전해졌다.)

299 資料 【名】しりょう
研究・判断を行う基礎となる材料。
[参考(さんこう)－・－館(かん)]

例文 ① 必要な**資料**をそろえる。
(필요한 자료를 갖춘다.)
② **資料**を見ながら結論を出す。
(자료를 보면서 결론을 낸다.)

300 文献 【名】ぶんけん

筆録または印刷されたもの。書物や文書。
［参考(さんこう)－・先行(せんこう)－］

例文 ① 論文を書くときは**文献**に細かくあたることが必要だ。
(논문을 쓸 때는 문헌을 자세히 조사하는 것이 필요하다.)
② 参考**文献**の一覧を論文の最後に添付すること。
(참고문헌 일람을 논문의 마지막에 첨부할 것.)

Part 11　キャンパス用語(1)
301~315

301　願書　【名】がんしょ
願いの趣旨を書いた書面。
［入学(にゅうがく)－］

 ① 志望する大学へ入学**願書**を出す。
(지망하는 대학에 입학원서를 낸다.)
② **願書**の他に成績証明書と卒業証明書も提出してください。
(원서 외에 성적 증명서와 졸업 증명서도 제출해 주세요.)

302　入試　【名】にゅうし
入学試験の略。学校が入学者を選抜するために行う試験。
［大学(だいがく)－・－制度(せいど)］

例文 ① 来年度の**入試**日程が発表になった。
(내년도 입시 일정이 발표되었다.)
② 大学**入試**制度の抜本的な改革が求められている。
(대학 입시 제도의 근본적인 개혁이 요구되고 있다.)

303　受験　【名】【動】じゅけん
試験を受けること。

［大学(だいがく)－・－地獄(じごく)］

例文 ① 受験勉強に明け暮れる毎日だ。
(수험 공부에 몰두하는 매일이다.)
② 日本語能力検定試験を受験する。
(일본어 능력 검정 시험을 본다.)

304 合格 【名】【動】ごうかく

一定の条件や資格にかなうこと。試験や検定などに及第すること。

［－発表(はっぴょう)・－品(ひん)］

例文 ① 希望した大学に合格できた。
(희망한 대학에 합격할 수 있었다.)
② 出席が100パーセントの学生には合格点を与えるつもりだ。
(출석이 100%인 학생에게는 합격점을 줄 생각이다.)

305 専攻 【名】【動】せんこう

ある学問分野を専門的に研究すること。

［－科目(かもく)・－分野(ぶんや)］

例文 ① 私の専攻は児童心理学だ。
(나의 전공은 아동심리학이다.)
② 大学院に入学したいなら、詳しい専攻分野を決めなければならない。
(대학원에 입학하고 싶으면 세부 전공 분야를 정하지 않으면 안 된다.)

306 授業 【名】【動】じゅぎょう

学校などで学問・技術などを教え授けること。
[ー中(ちゅう)・ー料(りょう)]

例文 ① 月曜日の**授業**は9時に始まる。
(월요일의 수업은 9시에 시작된다.)
② **授業**中におしゃべりをして注意された。
(수업 중에 잡담을 하여 주의 받았다.)

307 講義 【名】【動】こうぎ

学問を解説すること。また、その話。特に大学での(演習・購読・実習以外の)授業。
[集中(しゅうちゅう)ー・ー録(ろく)]

例文 ① 朝から**講義**に出席した。
(아침부터 강의에 출석했다.)
② 日本文学における私小説について**講義**する予定だ。
(일본 문학에 있어서 사소설에 대해 강의할 예정이다.)

308 実習 【名】【動】じっしゅう

教えられた知識を基として、実地に就いて技術を習得すること。
[教育(きょういく)ー・ー生(せい)]

例文 ① 教育**実習**を経験して、教師になりたいと思った。
(교육 실습을 경험하고 교사가 되고 싶다고 생각했다.)

② **実習**報告書を教務課に提出してください。
(실습 보고서를 교무과에 제출해 주십시오.)

309 教科 【名】きょうか

学校で教育の目的・方法、生徒の発達などに応じて授業の材料を分けたもの。例、国語科・理科など。
[－課程(かてい)・－書(しょ)]

例文 ① 中学校の基礎**教科**をしっかり学習することが大切だ。
(중학교 기초 교과를 확실히 학습하는 것이 중요하다.)
② 試験問題は**教科**書の中から出します。
(시험문제는 교과서 내에서 냅니다.)

310 必修 【名】ひっしゅう

必ず単位として履修しなければならないと決められたこと。また、その課目。
[－科目(かもく)]

例文 ① 教職課程には心理学や教育実習が**必修**科目としてある。
(교직과정에는 심리학과 교육 실습이 필수과목으로 되어 있다.)
② **必修**単位をとらないと進級できない。
(필수 학점을 취득하지 않으면 진학할 수 없다.)

311 選択 【名】【動】せんたく

幾つかの中から良い適当なものを選ぶこと。
[－科目(かもく)・－肢(し)]

▼キャンパス用語(I)

例文 ① 外国語の**選択**科目は2単位以上の履修だ。
(외국어 선택과목은 2학점 이상의 이수이다.)
② 彼から重大な**選択**を迫られた。
(그 사람한테서 중대한 선택을 강요받았다.)

312 (科目)【名】かもく
種類分けした教科の一つ一つ。「課目」とも書く。
[必修(ひっしゅう)－・選択(せんたく)－]

例文 ① 高等学校の国語科には国語Ⅰ・国語Ⅱ・古典・現代文・国語表現などの**科目**がある。
(고등학교의 국어 과목에는 국어Ⅰ・국어Ⅱ・고전・현대문・국어 표현 등의 과목이 있다.)
② 大学卒業後、その科目だけを受講できる**科目**履修生という制度がある。
(대학 졸업 후 그 과목만을 수강할 수 있는 과목 이수생이라는 제도가 있다.)

313 (履修)【名】【動】りしゅう
規定の学科や課程などを定められた期間、学ぶこと。
[－届(とどけ)・－登録(とうろく)]

例文 ① 今年度は30単位を**履修**した。
(금년도는 30학점을 이수했다.)
② **履修**届の期日を間違えないでください。
(수강 신청의 기일을 혼동하지 마세요.)

314 (申請)【名】【動】しんせい
国や公共団体の機関に許可・認可などを求めること。
[－書(しょ)・－人(にん)]

例文 ① 奨学金の**申請**を行う。
(장학금 신청을 한다.)
② パスポートを**申請**しに県庁に行った。
(여권을 신청하러 현청에 갔다.)

315 単位 【名】たんい

高等学校以上で、学習量をはかる基準の量。
[履修(りしゅう)－]

例文 ① 卒業するには8**単位**足りない。
(졸업하기에는 8학점이 모자란다.)
② 来年は一つも**単位**を落とさないつもりだ。
(내년은 하나라도 학점을 놓치지 않을 생각이다.)

Part 11 キャンパス用語(II)
316~330

316 成績 【名】せいせき
その事をして得られた結果。特に、仕事や学業のできばえに対する評価内容。
[学業(がくぎょう)ー・ー表(ひょう)]

例文 ① がんばった結果、予想以上に営業**成績**が上がった。
(분발한 결과, 예상 이상으로 영업 성적이 올랐다.)
② 今学期の**成績**はあまり良くなかった。
(이번 학기의 성적은 그다지 좋지 않았다.)

317 評価 【名】【動】ひょうか
物の価値や価格を論じて決めること。教育で児童・生徒の学習成果について判定すること。
[自己(じこ)ー・絶対(ぜったい)ー・相対(そうたい)ー]

例文 ① あの先生は**評価**が甘いという評判だ。
(저 선생님은 평가가 후하다는 평판이다.)
② 大リーグでもイチロー選手の**評価**は高い。
(메이저리그에서도 이치로 선수의 평가는 높다.)

318 　進級　【名】【動】しんきゅう

等級・学年が上位に進むこと。

例文 ① 来年は小学六年生に**進級**する。
(내년에는 초등학교 6학년으로 올라간다.)

② **進級**できたら、来年こそはまじめに勉強するつもりだ。
(진급할 수 있다면 내년만큼은 성실히 공부할 생각이다.)

319 　留年　【名】【動】りゅうねん

学生が卒業・進級できず、原級にとどまること。

例文 ① 来年は**留年**して研究をやり直す予定だ。
(내년은 유급해서 연구를 다시 할 예정이다.)

② 単位が足りず、**留年**が決まってしまった。
(학점이 모자라, 유급이 결정되어 버렸다.)

320 　理系/文系　【名】りけい/ぶんけい

理科の系統。理科系。

文科の系統。文科系。

例文 ① 医学部・工学部・理学部・農学部などは**理系**だ。
(의학부・공학부・이학부・농학부 등은 이과계열이다.)

② 法学部・経済学部・文学部・社会学部・芸術学部などは**文系**だ。
(법학부・경제학부・문학부・사회학부・예술학부 등은 문과계열이다.)

321 （教授） 【名】【動】きょうじゅ
学術・芸事を教え授けること。大学や専門学校などで、講義・研究する職の人。
[名誉(めいよ)－・個人(こじん)－]

例文 ① 佐々木三郎先生は北東大学の名誉**教授**だ。
(사사키 사부로 선생님은 호쿠토대학의 명예교수이다.)
② 大学の運営や教務事項は**教授**会によって承認される。
(대학의 운영과 교무 사항은 교수회에 의해 승인된다.)

322 （講師） 【名】こうし
講演・講習を行う人。大学などで嘱託を受けて授業を担当する人。
[非常勤(ひじょうきん)－]

例文 ① 定年後、非常勤**講師**として授業を持つ先生が多い。
(정년 후, 시간강사로 수업을 담당하는 선생님이 많다.)
② 本日の講演会の**講師**は中村花子先生です。
(오늘 강연회의 강사는 나카무라 하나코 선생님입니다.)

323 （指導） 【名】【動】しどう
ある目的に向って教え導くこと。
[個人(こじん)－・－力(りょく)]

例文 ① 有名なコーチの**指導**を受ける。
(유명한 코치의 지도를 받는다.)

② ぜひ、先生方の**指導**力を発揮していただきたい。
(꼭 선생님의 지도력을 발휘해 주었으면 한다.)

324 先輩/後輩 【名】せんぱい/こうはい

学問・年齢・地位などが自分より上の人。また、同じ学校・勤務先などで、先に入った人。
学問・年齢・地位などが自分より下の人。また、同じ学校・勤務先などで、後から入った人。
[大(だい)－]

例文 ① 同じ大学の**先輩**と**後輩**という間柄だ。
(같은 대학의 선배와 후배 사이이다.)
② **後輩**の面倒をみることも**先輩**としての役割だ。
(후배를 보살피는 것도 선배로서의 역할이다.)

325 卒論 【名】そつろん

卒業論文の略。大学を卒業しようとする者が提出して審査を受ける論文。
[－指導(しどう)]

例文 ① **卒論**のタイトルとテーマ、そして構想を提出すること。
(졸업논문의 타이틀과 테마, 그리고 구상을 제출할 것.)
② **卒論**の締め切りは1月中旬までだ。
(졸업논문의 마감은 1월 중순까지이다.)

326 合宿 【名】【動】がっしゅく

同じ宿舎に泊まりこむこと。特に、スポーツの練習や

研修などの目的をもって、グループで行うこと。
[教化(きょうか)―・―所(じょ)]

例文 ① 夏期**合宿**は７月末から一週間だ。
(하기 합숙은 7월 말부터 1주일간이다.)
② **合宿**所は山の中にあって環境が良い。
(합숙소는 산 속에 있어서 환경이 좋다.)

327 奨学 【名】しょうがく
学術研究を助けること。学業の継続を援助すること。
[―生(せい)・―金(きん)]

例文 ① 経済的な理由で、高校の時から**奨学**生だった。
(경제적인 이유로 고등학교 때부터 장학생이었다.)
② **奨学**金がなければ、生活は難しいかもしれない。
(장학금이 없으면 생활은 어려울지도 모른다.)

328 学割 【名】がくわり
学生割引の略。鉄道運賃・入場料などを学生・生徒を対象に割り引くこと。
[―料金(りょうきん)]

例文 ① 映画は**学割**で見ると安い。
(영화는 학생 할인으로 보면 싸다.)
② **学割**申請をして証明書をもらった。
(학생 할인 신청을 하여 증명서를 받았다.)

329 寮 【名】りょう

同じ組織や団体に属する条件を備えた人たちが自分の家として生活する建物。
[学生(がくせい)－・－生(せい)]

例文 ① 私は全**寮**制の高校に通った。
(나는 전교생 기숙사 제도인 고등학교에 다녔다.)
② **寮**生同士でお酒を飲むことも多い。
(기숙사생끼리 술을 마시는 일도 많다.)

330 合コン 【名】【動】ごうこん ←「合同コンパ」の略

男子学生と女子学生など二つ以上のグループが合同で行うコンパ。

例文 ① 来週、**合コン**があるので、人を集めなければならない。
(다음 주, 단체미팅이 있기 때문에 사람을 모으지 않으면 안된다.)
② **合コン**で知り合って、付き合っているカップルも多い。
(단체미팅에서 만나 사귀고 있는 커플도 많다.)

Part 12　就活用語
331～345

331　人事　【名】じんじ
官庁や会社などで、その成員の採用・退職や身分に関する事柄。
[－課(か)・－移動(いどう)]

例文　① 来月、大きな人事異動があるそうだ。
(다음 달 대단위 인사이동이 있다고 한다.)
② その件は人事上の秘密なので、答えることができない。
(그 건은 인사상의 비밀이기 때문에 대답할 수 없다.)

332　採用　【名】【動】さいよう
適当な人材や意見・方法などを取りあげて用いること。
[臨時(りんじ)－・－試験(しけん)]

例文　① 私の意見が採用されて、新しい商品ができた。
(나의 의견이 채용되어, 새로운 상품이 만들어졌다.)
② 先月、社員に採用された。
(지난달 사원으로 채용되었다.)

333　志望　【名】【動】しぼう
自分はこうなりたい、こうしたいと望むこと。また、その内容。

[－動機(どうき)・－校(こう)]

例文 ① 志望動機を書くのが一番難しい。
(지원 동기를 쓰는 것이 가장 어렵다.)
② 国立大学が第一志望です。
(국립대학이 제1지망입니다.)

334 履歴 【名】りれき

その人が今までに経験してきた学業・職業・賞罰など。
[－書(しょ)]

例文 ① 悪いことをすると履歴に傷がつく。
(나쁜 짓을 하면 이력에 흠이 간다.)
② 履歴書には学歴・職歴・資格などを書く。
(이력서에는 학력・경력・자격 등을 쓴다.)

335 経歴 【名】けいれき

今まで経験してきた仕事・身分・地位・学業などの事柄。
[－詐称(さしょう)]

例文 ① 履歴書には詳しい経歴を明記すること。
(이력서에는 자세한 경력을 명기할 것.)
② 由紀さんは、人も羨む輝かしい経歴の持ち主だ。
(유키 씨는 사람들도 부러워하는 화려한 경력의 소유자이다.)

336 身上 【名】しんじょう

一身に関すること。身の上。

[－書(しょ)・－調査(ちょうさ)]

例文 ① 身上書には、趣味や特技、健康状態なども記入する。
(신상서에는 취미와 특기, 건강 상태 등을 기입한다.)

② 一身上の都合により、辞めさせていただきます。
(일신상의 사정으로 그만두겠습니다.)

337 資格 【名】しかく

そのことを行ってもよいと公に認められる能力。
[－証明書(しょうめいしょ)・－試験(しけん)]

例文 ① 調理師の資格を取った。
(조리사 자격을 땄다.)

② あなたに、そんなことを言う資格なんてない。
(당신에게, 그런 말을 할 자격 따위 없다.)

338 免許 【名】めんきょ

ある特定のことを行うのを官公庁が許すこと。師匠が弟子に奥義を伝授すること。
[運転(うんてん)－・－皆伝(かいでん)]

例文 ① 教員免許を取得するためには、所定の単位が必要だ。
(교원 자격을 취득하기 위해서는 소정의 학점이 필요하다.)

② 裏千家茶道の師範の免許をいただき、家で教室を開いた。
(우라센케 다도 사범 면허를 받아 집에서 교실을 열었다.)

339 書類 【名】しょるい

公的な性質を帯びた事柄を用紙何枚かにわたって書き記した文書。

[重要(じゅうよう)－・－審査(しんさ)]

例文 ① これは**重要書類**なので、部外秘とする。
(이것은 중요 서류이기 때문에 대외 비밀로 한다.)
② 明日まで、会議に必要な**書類**を作成してください。
(내일까지 회의에 필요한 서류를 작성해 주세요.)

340 面接 【名】【動】めんせつ

人柄を調べたり、能力を試したりするために、直接その人に会うこと。

[－官(かん)・－試験(しけん)]

例文 ① 一次試験は筆記試験と集団**面接**である。
(1차 시험은 필기시험과 그룹 면접이다.)
② **面接**での受け答えが合否のポイントだ。
(면접에서의 문답이 합불의 포인트이다.)

341 適性 【名】てきせい

性格や性質が、その物事に適していること。また、その性格や性質。

[－検査(けんさ)]

例文 ① 教師としての**適性**に欠ける。
(교사로서의 적성이 부족하다.)

② **適性**検査の結果、私は接客に向いているようだ。
(적성검사 결과, 나는 접객 부분에 발달되어 있는 것 같다.)

342 人柄　【名】【形】ひとがら

その人に備わっている性質や品格。

例文 ① **人柄**が良くて、申し分の無いお嬢様です。
(성품이 좋아 말할 필요도 없는 아가씨입니다.)
② 学歴や成績よりも、最終的には**人柄**を重視する会社が多い。
(학력이나 성적보다도 최종적으로는 성품을 중시하는 회사가 많다.)

343 縁故　【名】えんこ

血縁、姻戚などによるつながり。人と人との特別な関わり合い。つて。
[－採用（さいよう）]

例文 ① この業界は**縁故**も実力のうちだ。
(이 업계은 커넥션도 실력이다.)
② 親の**縁故**に頼らないで、生きていく。
(부모 연줄에 기대지 않고 살아간다.)

344 内定　【名】【動】ないてい

正式の発表の前に、内々で定まること。
[－通知（つうち）]

例文 ① 次期監督はすでに**内定**している。
(다음 감독은 이미 내정되어 있다.)
② 早く**内定**をもらって、親を安心させたい。
(빨리 내정을 받아 부모님을 안심시키고 싶다.)

345 研修 【名】【動】けんしゅう

職務上、必要とされる知識や技能を高めるために、ある期間、特別に勉強や実習をすること。また、そのために行われる講習。
[－医(い)・－期間(きかん)]

例文 ① 入社後に、一ヶ月の**研修**を受けなければならない。
(입사 후에 1개월 연수를 받아야 한다.)
② 海外**研修**を通して、実地の訓練をすることができた。
(해외 연수를 통하여 현장 훈련을 할 수가 있었다.)

Part 12 346〜360 ビジネス用語

346 商談 【名】【動】しょうだん

商売・取引に関する相談。

［一会(かい)］

例文 ① 大きな**商談**がまとまる。
(중요한 상담이 해결된다.)
② **商談**を成立させるために、明日ニューヨークへ発つ。
(상담을 성립시키기 위해 내일 뉴욕으로 출발한다.)

347 取引 【名】とりひき

売買の受け渡しをすること。営利のための経済行為。商行為。

［一先(さき)・一高(だか)］

例文 ① あの店とは昔から**取引**がある。
(그 가게와는 옛날부터 거래가 있다.)
② 政治上の**取引**によって、一応解決したらしい。
(정치상의 거래에 의해서 일단 해결한 것 같다.)

348 契約 【名】【動】けいやく

司法上の効果を生じさせる目的で当事者の間に約束を取りかわすこと。また、その約束。

[－書(しょ)・－期間(きかん)]

例文 ① 大リーグのヤンキースと二年間の**契約**を結ぶ。
(메이저리그의 양키스와 2년간 계약을 맺는다.)
② 休みが少ないのは**契約違反**だ。
(휴일이 적은 것은 계약 위반이다.)

349 (出張) 【名】【動】しゅっちょう
仕事をするために勤務先以外の所に行くこと。
[－先(さき)・－旅費(りょひ)]

例文 ① 部長から、大阪へ**出張**を命じられた。
(부장님께 오사카로 출장을 명령받았다.)
② 北京へ二泊三日で**出張**する。
(베이징에 2박 3일로 출장간다.)

350 (営業) 【名】【動】えいぎょう
営利を目的として事業を営むこと。その営み。商業上の事業。
[－時間(じかん)・－停止(ていし)]

例文 ① 新製品を**営業**しているが、なかなか成績が上がらない。
(신제품을 영업하고 있지만 좀처럼 성적이 오르지 않는다.)
② 食中毒が出たため、このレストランは**営業停止**になった。
(식중독이 발생하여 이 레스토랑은 영업정지가 되었다.)

▼ ビジネス用語

351 企画 【名】【動】きかく
ある事をするため、計画を立てること。もくろみ。
[－書(しょ)]

例文 ① 来週まで、次のイベントの**企画**書を提出してください。
(다음 주까지 다음 이벤트의 기획서를 제출해 주세요.)
② 大学祭でロックコンサートを**企画**した。
(대학 축제에서 락 콘서트를 기획했다.)

352 事務 【名】じむ
主として組織の運営上必要な書類・帳簿などの作成やその処理に当たる業務。
[－局(きょく)・－用品(ようひん)]

例文 ① 学会の**事務**局長として毎日が忙しい。
(학회 사무국장으로서 날마다 바쁘다.)
② 本日の**事務**手続きは終了しました。
(당일 사무 수속은 종료했습니다.)

353 報告 【名】【動】ほうこく
与えられた任務について、その結果を述べること。述べた内容。
[近況(きんきょう)－・－書(しょ)]

例文 ① 中間**報告**をとりまとめて一覧表にすること。
(중간 보고를 정리하여 일람표로 할 것.)
② たまには近況を**報告**するように。
(가끔은 근황을 보고하도록.)

354 在庫 【名】【動】ざいこ

品物が倉庫にあること。ストック。

[－管理(かんり)・－品(ひん)]

例文 ① その商品は現在**在庫**切れだ。
(이 상품은 현재 재고가 다 떨어졌다.)
② **在庫**品はまだある。
(재고품은 아직 있다.)

355 注文 【名】【動】ちゅうもん

品質・数量・形・寸法などを指定して、作らせたり届けさせたりすること。

[－生産(せいさん)・－品(ひん)]

例文 ① ラーメンを三つ**注文**する。
(라면을 3개 주문한다.)
② 完成までに厳しい**注文**をつけられた。
(완성될 때까지 엄격한 주문을 요구받았다.)

356 購入 【名】【動】こうにゅう

買い入れること。

[一括(いっかつ)－・－先(さき)]

例文 ① 新入社員のためパソコンを一台**購入**した。
(신입 사원을 위해 컴퓨터를 한 대 구입했다.)
② この別荘の**購入**者は誰ですか。
(이 별장의 구입자는 누구입니까?)

357 　納期　【名】のうき
商品などを納入する期限。

例文 ① **納期**に遅れないように生産を急ぐ。
　　　　(납기에 늦지 않도록 생산을 서두른다.)
　　② 必ず来月の**納期**を守ってください。
　　　　(반드시 다음 달의 납기를 지켜주세요.)

358 　単価　【名】たんか
商品などの一個、または、売買の単位とする一単位あたりの値段。

例文 ① **単価**100円で、100万個を生産する。
　　　　(단가 100원으로 100만 개를 생산한다.)
　　② **単価**が安いので、いくら売っても儲けにならない。
　　　　(단가가 싸기 때문에 아무리 팔아도 돈벌이가 되지 않는다.)

359 　品質　【名】ひんしつ
良・不良が問題になる品物の性質。
［－管理(かんり)・－表示(ひょうじ)］

例文 ① 最近は日本のワインも**品質**が良くなってきた。
　　　　(최근에는 일본의 와인도 품질이 좋아졌다.)
　　② 詳細な**品質**表示が求められるようになった。
　　　　(상세한 품질표시가 요구되게 되었다.)

360 　見本　【名】みほん
全体の質・状態の実例の代表として人に知らせるため

の現物。サンプル。
[商品(しょうひん)ー・ー市(いち)]

例文 ① このことは失敗のいい見本だ。
(이는 실패의 좋은 견본이다.)
② 各国の自動車の見本市が開かれた。
(각국의 자동차의 견본시장이 열렸다.)

part 1 社会（Ⅰ）

最も適当な言葉を選びなさい。

01 彼はけっこうぜいたくな<u>くらし</u>をしている。
　① 刻らし　　② 暮らし　　③ 繰らし　　④ 暗し

02 核家族化が進み、一<u>せたい</u>別の人数がだんだん少なくなるという。
　① 世代　　② 世帯　　③ 世態　　④ 世論

03 <u>へいきん</u>して一日３時間勉強している。
　① 平均　　② 評均　　③ 均等　　④ 平今

04 韓国の_____はソウルです。
　① 地方　　② 首途　　③ 地域　　④ 首都

05 ブサンは韓国で２番目に大きな_____である。
　① 都市　　② 者市　　③ 都柿　　④ 首都

06 _____調査の結果、与党の支持率が低いことがわかった。
　① 口論　　② 討論　　③ 世間　　④ 世論

07 日本の<u>人口</u>は１億２千万人くらいです。
　① じんこ　　② にんこ　　③ じんこう　　④ にんこう

08 田舎より都会の生活<u>水準</u>が高いとは言い切れない。
　　①すうじゅん　②ずうしゅん　③すいじゅん　④ずいしゅん

09 彼は大学で<u>統計</u>学を勉強したそうだ。
　　①どうけい　　②とうけい　　③とけい　　　④どけい

10 都会の人口が増えてきて、<u>住宅</u>問題が深刻になっている。
　　①しゅうたく　②しゅうだく　③じゅうたく　④じゅたく

part 社会（Ⅱ）

最も適当な言葉を選びなさい。

01 娘が去年<u>けっこん</u>して今は夫婦二人きりでさびしいです。
　　①結婚　　　　②婚姻　　　　③婚約　　　　④既婚

02 <u>かけい</u>の状況を考えて大学の進学をあきらめた。
　　①家庭　　　　②家政　　　　③家計　　　　④家系

03 このクラスは<u>男女</u>合わせて30人です。
　　①だんじょう　②なんじょ　　③だんじょ　　④なんじょう

04 <u>離婚</u>率が高いのは深刻な社会問題です。
　　①けっこん　　②せいこん　　③こんやく　　④りこん

05 子供の<u>出生</u>を祝ってパーティが開かれました。
　　①しゅっせい　②しゅせい　　③しゅっしょ　④しゅしょ

06 <u>家事</u>は女性の仕事だと思っている人がいる。
　　①かじ　　　　②やじ　　　　③いえじ　　　④いえごと

07 山本さんご<u>夫妻</u>はとても仲がいいです。
　　①しゅうふ　②おっと　　③ふうふ　　④ふさい

08 韓国も<u>少子化</u>が進み人口があまり増えないという。
　　①しょうこか　②しょこか　③しょうしか　④しょしか

09 彼は<u>余暇</u>時間を利用して体力づくりに励んでいます。
　　①ようか　　②よか　　　③よが　　　④ようが

10 佐藤さんは<u>子育て</u>のために当分会社を休むつもりだそうです。
　　①こそだて　　②こうそだて　③こそたて　　④こそうだて

part 2 政治

下から正しい単語を選びなさい。

01 国民は<u>せいふ</u>の政策に関心がある。

02 テレビを通じて<u>こっかい</u>での<u>ぎいん</u>の発表が直接見られる。

03 日本の<u>しゅしょう</u>と<u>ないかく</u>にあたる韓国の<u>ぎょうせい</u>機関は？

04 <u>せんきょ</u>権のある者はだれでも自由に<u>とうひょう</u>できる。

05 加藤さんは日本の<u>せいじ</u>や法律にとても詳しい。

　　①内閣　　　　②政治　　　　③行政
　　④国会　　　　⑤議員　　　　⑥政府
　　⑦投票　　　　⑧首相　　　　⑨選挙

下から正しい読み方を選びなさい。

06 選挙の前には、どちらの政党も政治改革を強く主張するが、その熱気はすぐ冷める。
①せいかく　②せいとう　③かいこく　④かいかく

07 地方自治の制度が定着するによって、知事の責任も高くなった。
①ちじ　②せいとう　③かいかく　④じち

part 2　法律

最も適当な言葉を選びなさい。

01 交通事故があって、＿＿＿＿が出動した。
①弁護　②警察　③守衛　④警備

02 遺産相続の問題で、＿＿＿＿に詳しい友達にアドバイスを組んだ。
①憲法　②条約　③治安　④法律

下から正しい単語を選びなさい。

03 けんりを主張する者は、まずぎむを果たさなければならない。

04 ちあん維持のためにも国民のぜいきんは使われる。

05 この証拠により、じけんはさいばんで検察側の有利な方向にかたむいた。

06 けんぽうのかいせいについて野党側の意見はかなり違うようだ。

07 彼はむざいのはんけつで感動のあまり涙を流した。

① 税金　　② 事件　　③ 裁判　　④ 権利
⑤ 判決　　⑥ 義務　　⑦ 治安　　⑧ 憲法
⑨ 無罪　　⑩ 改正

part 3　国際

下から漢字の単語を選びなさい。

01　ナイアガラの滝はアメリカとカナダのこっきょうにある。

02　国家間のじょうやくにはがいこう官の役割も大きい。

03　韓国と台湾はまだこっこうが正常化されていない。

04　文化こうりゅうがりょうこくのゆうこう関係におおきな役割を果たした。

05　この小説で、彼はこくさい的に有名な作家になった。

06　どうめい国関係にある日本と米国は互いにきょうりょくした。

07　6ヵ国のしゅのう会談が行われのであんぜん確保に万全をつくさなければならない。

①国際　②国境　③国交　④外交
⑤条約　⑥交流　⑦友好　⑧協力
⑨両国　⑩同盟　⑪安全　⑫首脳

part 3　軍事

次の説明にあてはまる単語を下から選びなさい。

01　他からの危害を防ぎまもること。（　　）

02　自分で自分を守ること。（　　）

03　武力による国家間の合戦。（　　）

04　戦いや争いがなく、おだやかな状態。（　　）

05　軍事、探検などの行動を起こす根拠地。（　　）

06　外国の侵略に対する国の守備。（　　）

07　国内の戦争。（　　）

①自衛　②防衛　③戦争　④平和
⑤基地　⑥内戦　⑦国防

線で結び、正しい一つの言葉にしなさい。

08　武力　　　　　　　　行使

09　軍備　　　　　　　　国家

10　中立　　　　　　　　救済

11　難民　　　　　　　　拡張

part 4　経済

下から漢字の単語を選びなさい。

01　商品のかかくは、じゅようときょうきゅうによって決まる。

02　けいきが悪いといわれても、国内の自動車会社のゆしゅつ状況は悪くないそうだ。

03　ぼうえき摩擦の問題においてはかんぜい関係もかなり影響している。

04　きぎょうのけいえい者は自社のりえきばかり考えてはいけない。

05　ヨーロッパを旅行する人はぶっかの高さに驚く。

06　クレジットカードを使用することで家族のししゅつが急に増えた。

07 収入のことを考えないで<u>じゆうにしょうひ</u>するのは問題だ。

① 物価　　② 貿易　　③ 需要　　④ 景気
⑤ 消費　　⑥ 支出　　⑦ 経営　　⑧ 企業
⑨ 供給　　⑩ 輸出　　⑪ 利益　　⑫ 自由
⑬ 価格　　⑭ 関税

part 4 金融

最も適当な言葉を選びなさい。

01 銀行は代表的な<u>金融</u>機関である。
　　① きんゆう　② ぎんゆう　③ きんよう　④ ぎんよう

02 アメリカの<u>通貨</u>はドルである。
　　① とおか　　② とうか　　③ つうか　　④ つか

03 最近、この地域の不動産<u>売買</u>はあまり見られない。
　　① ばいまい　② ばいばい　③ まいばい　④ まいまい

04 彼は<u>証券</u>会社に勤めている。
　　① しょうげん　② しょうし　③ じょうけん　④ しょうけん

05 日頃、＿＿＿＿ドル高の状況がつづいている。
　　① 円高　　② 円安　　③ 円低　　④ 円貨

06 海外旅行の際には外国の＿＿＿＿レートについて調べる必要がある。
　　① 為替　　② 買わせ　③ 交わせ　④ 為買

07 最近、預金の利子が低くなり、不動産投資が増えているそうだ。
① どし　② とし　③ とうし　④ どし

part 5 産業

線で結び、最もふさわしい単語にしなさい。

01　代金　　　　　　　　支払

02　自給　　　　　　　　経費

03　外国　　　　　　　　製品

04　通信　　　　　　　　自足

05　旅行　　　　　　　　販売

06　宣伝　　　　　　　　経路

07　流通　　　　　　　　文句

08　産業　　　　　　　　構造

最も適当な言葉を選びなさい。

09 ラーメンの袋には、製造年月日を明記することになっている。
① せいぞ　② せいぞう　③ さいぞ　④ さいぞ

10 この店の売上は一日平均30万円ぐらいだ。
　　①うりあげ　②まいあげ　③まいじょう　④ばいあげ

part 5 労働

次の説明にあてはまる言葉を下から選びなさい。

01　新しく職につくこと。

02　適当な人材や意見、方法などを取り上げて用いること。

03　その職場で働く人を探し求めること。

04　人を雇うこと。

05　その会社に社員となって入ること。

06　勤務先へ通うこと。

07　生活を支える手段としての仕事、職。

　　①職業　　②雇用　　③求人　　④採用
　　⑤通勤　　⑥就職　　⑦入社

最も適当な言葉を選びなさい。

08　会社に履歴書を提出する。
　　①れきし　②りりょく　③りれき　④りりき

09 彼は肉体労働によって生活する。
　①ろどう　②ろうどう　③ろどう　④ろうど

10 労働組合を組織する。
　①そしき　②そうしき　③ぞうしき　④しょしき

11 父は今日も残業だ。
　①さんぎょう　②ざんぎょう　③さんぎょ　④ざんぎょ

12　韓国では、高学歴者の失業率が高くなっている。
　①じつぎょう　②じつぎょ　③しつぎょう　④しつぎょ

13 毎月のこと、給料日が待ち遠しい。
　①きゅうりょう　②きゅりょう　③きゅうりょ　④ぎゅうりょう

14 定年後、自由に海外旅行のできる人がうらやましい。
　①でいねん　②ていとし　③ていねん　④でいとし

part 6　交通

次に説明する単語を下から選びなさい。

01 飛行場、エアポート。

02 人や乗り物が行ったり来たりすること。

03 乗り物の利用の際に払う料金。

04 行って再び戻ること、行きと帰り。

①交通　　②空港　　③往復　　④運賃

最も適当な単語を選びなさい。

05　最近日本には<u>しんかんせん</u>通勤をする人も多いそうだ。
　　①新幹先　②新刊線　③進幹線　④新幹線

06　車での通勤の際には<u>じゅうたい</u>の時間も考えなければならない。
　　①渋滞　　②渉滞　　③渋体　　④歩滞

07　<u>鉄道</u>旅行は安全でなお快適だ。
　　①てつどう　②てつとう　③でつどう　④でつとう

線で結び、ふさわしい単語にしなさい。

08　交通　　　　　　　列車

09　貨物　　　　　　　機関

10　乗客　　　　　　　切符

11　高速　　　　　　　名簿

12　事故　　　　　　　現場

13　片道　　　　　　　道路

14　駐車　　　　　　　禁止

part 6 情報

次に説明する単語を下から選びなさい。

01　テレビやラジオでいろいろな番組を送ること。

02　テレビの番組が視聴されている程度

03　テレビ・ラジオ・演劇などに出て演技をしたりすること。

　　①出演　　　　②放送　　　　③視聴率

最も適当な単語を選びなさい。

04　彼女は新聞社の<u>へんしゅう</u>部に長く勤めていた。
　　①編集　　②偏執　　③扁集　　④編執

05　好きな番組は<u>録画</u>しておけば、時間のあるとき何度も見れる。
　　①りょくが　②りょくず　③ろくが　④ろくず

06　あの人に関してはなんの<u>情報</u>もない。
　　①じょうほう　②じょうほ　③じょほう　④じょほ

07　お正月の<u>特集</u>番組として「アジアの韓流」が放送された。
　　①どくしゅう　②とくしゅう　③どくしゅ　④とくしゅ

08　大学受験の当日、遅れた学生のための<u>輸送</u>作戦が行われた。
　　①ゆうそう　②ゆそう　③ゆうそ　④ゆそ

09　<u>報道</u>されたより事件は深刻だった。
　　①ほどう　②ほうど　③ほうどう　④ほとう

10　アメリカへ<u>航空</u>便で手紙を出した。
　　①こうく　②くうこう　③こうくう　④くうこ

線でむすび、最もふさわしい単語にしなさい。

11　印刷　　　活動

12　取材　　　技術

13　共同　　　記事

14　新聞　　　出版

科学

最も適当な言葉を選びなさい。

01　漁船のSOSを<u>受信</u>した。
　　①じゅうしん　②しゅうしん　③じゅしん　④しゅしん

02　人間の体は無数の<u>細胞</u>でできている。
　　①さいぼ　②さいぼう　③さいほ　④ざいぼう

03　将来、<u>うちゅう</u>旅行をするのが私の夢だ。
　　①宇宙　②宇猫　③字宙　④学宙

04 親の性格が子にいでんする。
　①遺転　　②移転　　　③遺伝　　　④遺云

05 インフルエンザ予防接種をすませたのでめんえきができたと思う。
　①免役　　②免疫　　　③勉疫　　　④勉役

線で結び、正しい文にしなさい。

06　植物を　　　　　　　　実験する

07　新製品開発に　　　　　うちたてる

08　薬の効果を　　　　　　身につける

09　新しい理論を　　　　　観察する

10　高度な技術を　　　　　乗り出す

 環境

最も適当な言葉を選びなさい。

01 産業の発展とともに、公害問題が出てくる。
　①こうかい　②ごうかい　　③こうがい　　④ごうがい

02 天気予報を見なかったので、傘の用意ができなかった。
　①よほう　　②ようほ　　　③よぼう　　　④ようぼ

03 地球温暖化の問題に対していまだに対策がない。
　　①おんなん　②おんだん　③おんたん　④おうだん

04 彼女はけっこういい環境で育ったみたい。
　　①がんきょう　②かんきょ　③かんきょう　④がんきょ

05 アフリカ象の生態調査のため現地に向かった。
　　①せいたい　②しょうたい　③せいだい　④しょうだい

下から漢字の単語を選びなさい。

06 さばくのきしょう観測は大変厳しく、昼と夜の温度差も激しそうだ。

07 この頃じしんやこうずいのニュースがよく見られる。

08 韓国はたいりく性気候で日本はかいよう性気候ともいえる。

　　①洪水　　　②大陸　　　③海洋
　　④地震　　　⑤気象　　　⑥砂漠

次のように説明できる単語を下から選びなさい。

09 この世のあらゆる総称。物のありのままの状態。

10 産業の原料や材料になる物質。

11 われわれ人間が住んでいる天体。

　　①資源　　　②地球　　　③自然

part 8 医療・福祉

次に説明する言葉を下から選びなさい。

01 医術で病気をなおすこと。

02 病気にかかっている人、その病気で医者の治療を受ける人。

03 病気にかかっていない、元気で正常な状態。

04 人が死ぬこと。

05 年をとった人、年寄り。

　　①健康　　　②保険　　　③死亡　　　④喫煙
　　⑤患者　　　⑥医療　　　⑦老人

最も適当な言葉を選びなさい。

06 火曜日は眼科の_____を予約してある。
　　①医療　　　②保健　　　③診察　　　④介護

07 だいたい年をとると、_____暮らしになる。
　　①年金　　　②老人　　　③介護　　　④福祉

線で結び、最もふさわしい言葉にしなさい。

08　社会　　　　　　　　保険

09　高齢　　　　　　　　出産

10　生命　　　　　　　　福祉

part 8　教育・スポーツ

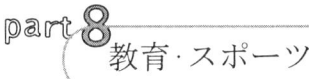

最も適当な単語を選びなさい。

01　田中さんはスポーツについていろいろな<u>ちしき</u>を持っている。
　　①地識　　②教養　　③知識　　④知職

02　子供はお母さんがいないと＿＿＿＿的に不安になる。
　　①生涯　　②心理　　③体育　　④教育

03　私は<u>教養</u>のある男になるために毎日読書をしている。
　　①こうよう　②きょうよ　③きょうよう　④きょよう

04　妹の誕生日に<u>児童</u>向きの本をプレゼントした。
　　①じどう　　②こども　　③がくせい　　④おとな

05　<u>体育</u>の時間に怪我をして保険室で休んだ。
　　①うんどう　②せんしゅ　③たいいく　④れんしゅう

06　将来、韓国を代表する水泳＿＿＿＿になりたい
　　①生涯　　②選手　　③運動　　④応援

最も適当な単語を選びなさい。

07 健康のためには毎日＿＿＿＿することが大事である。
①競技　　②運動　　③大会　　④食事

08 山本さんは、立派な野球＿＿＿＿である。
①委員　　②学生　　③選手　　④団体

09 試合が始まり、みんな一所懸命に＿＿＿＿した。
①得点　　②真剣　　③予想　　④応援

10 一生懸命練習した結果、いい成績をとった。
①れんしゅ　②れんしゅう　③えんしゅ　④えんしゅう

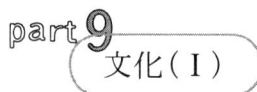

part 9 文化（Ⅰ）

最も適当な単語を選びなさい。

01 その＿＿＿＿の言葉、宗教、生活習慣等から文化が生まれる。
①人民　　②民族　　③国宝　　④思想

02 学歴が高いといって、＿＿＿＿のある人とはいいにくい。
①財産　　②芸能　　③知能　　④教養

03 缶詰やジャム等を＿＿＿＿食品という。
①新鮮　　②冷凍　　③保存　　④冷蔵

04 日本は昔からの＿＿＿＿を大事にする国である。
①気候　　②財産　　③風土　　④伝統

05 孔子の思想に基づく教えを_____という。
　①儒教　　②道教　　③仏教　　④宣教

06 どの民族もそれぞれ_____の文化を持つ。
　①神道　　②芸能　　③理想　　④固有

07 兄弟は、父の残した_____で生活した。
　①学問　　②慣習　　③遺産　　④遺跡

part 9 文化（Ⅱ）

最も適当な単語を選びなさい。

01 ナイル河から世界四大_____の一つが生まれた。
　①文名　　②文明　　③分明　　④文化

02 ノーベル賞は_____の平和と発展に貢献した人に贈られる。
　①人間　　②先祖　　③人類　　④国家

03 ソウル近郊でも百済時代の古墳が発掘された。
　①こふん　②こうふん　③ごふん　④こぶん

04 彼は研究のために文献を集めた。
　①もんけん　②ぶんけん　③もんげん　④ぶんげん

線で結び、最もふさわしい言葉にしなさい。

05 ギリシア　　　　　　天皇

06 伝来　　　　　　　　神話

07 江戸　　　　　　　　語

08 武士　　　　　　　　階級

09 封建　　　　　　　　幕府

10 鎖国　　　　　　　　制度

11 昭和　　　　　　　　政治

part 9　芸術

最も適当な言葉を選びなさい。

01　すばらしい芸術は作者が死んだ後も長く残る。
　　①けいじゅつ　②げいじゅつ　③けいじつ　④げいじつ

02　想像力の全くない人は、小説家にはむかないだろう。
　　①しょうぞう　②しょぞう　③そうぞう　④そうじょう

03　ブロードウェイ本場の舞台が見たい。
　　①むだい　　②むたい　　③ぶだい　　④ぶたい

04 私はえんげきよりは映画の方が好きだ。
① 園劇　② 楽劇　③ 演劇　④ 劇場

05 午前中は主婦を_____とするテレビ番組が多い。
① 代償　② 対称　③ 対象　④ 大正

下から次の説明に当てはまる単語を選びなさい。

06 心に思うこと、感ずることを、色・音・言語などで表すこと。_____

07 室町時代からの劇として、動きが少なく、極度に様式化された劇のこと。_____

08 新しいものを自分の考えで造り出すこと。_____

09 絵のこと。_____

10 詩や歌に節をつけること。_____

11 江戸時代からの日本特有の演劇。_____

① 作曲　② 表現　③ 創造
④ 絵画　⑤ 能　⑥ 歌舞伎

part 10 文学・言語

最も適当な言葉を選びなさい。

01 詩・小説・随筆・戯曲など、言語によって表す文芸のことを文

学という。
①しゅひつ　②ずいひつ　③すいひつ　④すひつ

02　彼女は手紙に旅行先での風景について詳しく<u>描写</u>している。
①もうしゃ　②びょうしゃ　③びょしゃ　④びょうし

03　この事件について警察側の<u>かいしゃく</u>は次のようである。
①理解　　②翻訳　　③解釈　　④説明

04　ドイツ語で書いてある作品を日本語に<u>ほんやく</u>した。
①翻訳　　②翻釈　　③番訳　　④番釈

次に説明する言葉を下から選びなさい。

05　物事のよしあし・優劣・価値などについて論ずること。
＿＿＿＿

06　ある言語で書かれた原文を他の言語に移すこと。＿＿＿＿

07　古い時代に出来た作品として現在にもその価値のあるもの。
＿＿＿＿

08　日本固有の形式による詩、長歌・短歌などがある。＿＿＿

09　世界一短いといわれる5・7・5の17音から成る日本の詩。
＿＿＿＿

10　芸術作品や芸術研究のモチーフになるもの。＿＿＿＿

①古典　　　②和歌　　　③俳句
④翻訳　　　⑤題材　　　⑥評論

part 10 歴史

最も適当な言葉を選びなさい。

01 日本の武士は中世の戦乱の際、登場し始めた。
　①むしゃ　　②さむらい　　　③ぶし　　　　④ぶしゃ

02 東洋はアジア諸国の総称である。
　①どうよう　②とうえい　　　③とうよ　　　④とうよう

03 母親の先祖は賤民階級であった。
　①そせん　　②せんそ　　　　③せんぞう　　④せんぞ

04 世界人類が平和でありますように。
　①にんるい　②にんりゅう　　③じんるい　　④じんりゅう

05 ＿＿＿＿を通して、その民族の願望や原体験を垣間見ることができる。
　①西洋　　　②神話　　　　　③武士　　　　④鎖国

06 日本の鎖国時代でも、オランダと中国、朝鮮から海外の情報は伝えられた。
　①さこく　　②しゃこく　　　③さぐに　　　④しゃぐに

07 封建時代は激しい身分制度が存在していた。
　①ぼうけん　②ほうけん　　　③ぼんけん　　④ほんけん

08 江戸時代、徳川家康によって幕府が開かれた。
　①まくふう　②まくふ　　　　③ばくふう　　④ばくふ

09 論文を書くときは参考_____に細かく当たることが大切である。
　　①文明　　　②人類　　　　③文献　　　　④伝来

10 <u>歴史</u>を学ぶことは現在の世界を学ぶことにつながる。
　　①りきし　　②れきし　　　③りきじ　　　④れきじ

part 11　キャンパス用語

最も適当な言葉を選びなさい。

01 希望する大学に<u>願書</u>を出す。
　　①がんしょ　②がんしょう　③げんしょ　　④げんしょう

02 毎週水曜日は、朝9時の<u>こうぎ</u>を受ける。
　　①講議　　　②講儀　　　　③講義　　　　④抗議

03 大学_____のため一生懸命勉強する。
　　①申請　　　②科目　　　　③入試　　　　④専攻

04 科目ごとに_____を落とさないためには宿題をきちんとしなければならない。
　　①必修　　　②単位　　　　③選択　　　　④教科

05 選択科目を正しく<u>履修</u>できるように受講申請をすることが大事である。
　　①りしゅう　②いしゅう　　③いしゅ　　　④りしゅ

06 「日本語聞き取り」は<u>必修</u>科目なので、受けなければならない。
　　①ひっしゅ　②ひつじゅ　③ひっしゅう　④ひつじゅう

07 単位がとれないと進級できず、＿＿＿となる。
　　①留学　　②理系　　　③留年　　　④合格

08 成績がよかったので＿＿＿金をもらうことになった。
　　①奨学　　②将学　　　③小学　　　④正覚

次に説明する言葉を書きなさい。

09 学生割引の略語　＿＿＿

10 男子と女子学生達のミーティングのこと、日本の大学の合同コンパの略語　＿＿＿

part 12　就活用語

最も適当な言葉を選びなさい。

01 将来のため<u>しかく</u>を取っておく。
　　①免許　　②人柄　　　③就職　　　④資格

02 書類で目をつけておいた学生と<u>めんせつ</u>を行った。
　　①適性　　②採用　　　③面接　　　④経歴

03 会社では<u>経歴</u>を持っている人を優待している。
　　①けいれき　②りれき　③さいよう　④じんじ

04 どうにかして志望する会社に入社することができた。
　　①じもう　　②じぼう　　③しもう　　④しぼう

05 履歴書には必ず写真を張ってください。
　　①いりょく　②りりょく　③いれき　　④りれき

06 彼女は先生としての適性を備えている。
　　①てきせい　②てきしょう　③てきしょ　④できせい

07 鈴木さんとは仕事の縁故で知り合いになった。
　　①ないてい　②えんこ　　③ひとがら　　④しんじょう

次に説明する言葉を下から選びなさい。

08 適当な人材や意見・方法などを取りあげて用いること。
　　_____

09 正式の発表の前に、内々で定まること。_____

10 一身に関すること。_____

　　①内定　　②身上　　③人事　　④採用

part 12 ビジネス用語

最も適当な言葉を選びなさい。

01 午後は取引先と_____の約束がある。
　　①場所　　②時間　　③成功　　④商談

02 林さんは今月＿＿＿実績第一位の社員に選ばれた。
　　①営業　　　②成績　　　　③出張　　　　④約束

03 企画部の金さんは今日も残業だ。
　　①えいぎょう ②そうむ　　③きかく　　　④けいり

04 来週ソウルへしゅっちょうすることになった。
　　①出長　　　②出張　　　　③出帳　　　　④出脹

05 リーさんの書いた報告書はとても分かりやすい。
　　①ほこく　　②ほうこく　　③ほごく　　　④ほうごく

06 近くに大韓銀行の支店があるので貿易の取引に大変便利だ。
　　①しゅういん ②とりびき　③とりひき　　④しゅうひき

07 金曜日は午後7時まで事務をとることになっている。
　　①じむ　　　②しむ　　　　③じぶ　　　　④しぶ

正しい単語を下から選びなさい。

08 契約書には、ちゅうもんの内容とともにたんか及び、のうきについても明確に記することだ。

09 この頃、原料の輸入ができなくて商品のざいこがあまりない。

10 こうにゅう契約書を交した千葉さんは、アクセサリーのひんしつが、最初のみほんとかなり違うということで、クレームをつけた。

①品質　　②見本　　　③注文　　　④単価
⑤納期　　⑥在庫　　　⑦購入

練習問題

part 1 社会（Ⅰ）

01 ②
02 ②
03 ①
04 ④
05 ①
06 ④
07 ③
08 ③
09 ②
10 ③

part 2 政治

01 ⑥
02 ④ ⑤
03 ⑧ ① ③
04 ⑨ ⑦
05 ②
06 ④
07 ④ ①

part 1 社会（Ⅱ）

01 ①
02 ③
03 ③
04 ④
05 ①
06 ①
07 ④
08 ③
09 ②
10 ①

part 2 法律

01 ②
02 ④
03 ④ ⑥
04 ⑦ ①
05 ② ③
06 ⑧ ⑩
07 ⑨ ⑤

part3 国際

01 ②
02 ⑤ ④
03 ③
04 ⑥ ⑨ ⑦
05 ①
06 ⑩ ⑧
07 ⑫ ⑪

part4 経済

01 ⑬ ③ ⑨
02 ④ ⑩
03 ② ⑭
04 ⑧ ⑦ ⑪
05 ①
06 ⑥
07 ⑫ ⑤

part3 軍事

01 ② 11 救済
02 ①
03 ③
04 ④
05 ⑤
06 ⑦
07 ⑥
08 行使
09 拡張
10 国家

part4 金融

01 ①
02 ③
03 ②
04 ④
05 ②
06 ①
07 ③

part 5 産業

- 01 代金支払
- 02 自給自足
- 03 外国製品
- 04 通信販売
- 05 旅行経費
- 06 宣伝文句
- 07 流通経路
- 08 産業構造
- 09 ②
- 10 ①

part 6 交通

- 01 ②　　11 高速道路
- 02 ①　　12 事故現場
- 03 ④　　13 片道切符
- 04 ③　　14 駐車禁止
- 05 ④
- 06 ①
- 07 ①
- 08 交通機関
- 09 貨物列車
- 10 乗客名簿

part 5 労働

- 01 ⑥　　11 ②
- 02 ④　　12 ③
- 03 ③　　13 ①
- 04 ②　　14 ③
- 05 ⑦
- 06 ⑤
- 07 ①
- 08 ③
- 09 ②
- 10 ①

part 6 情報

- 01 ②　　11 印刷出版
- 02 ③　　12 取材活動
- 03 ①　　13 共同技術
- 04 ①　　14 新聞記事
- 05 ③
- 06 ①
- 07 ②
- 08 ②
- 09 ③
- 10 ③

part 7 科学

- 01 ③
- 02 ②
- 03 ①
- 04 ③
- 05 ②
- 06 観察する
- 07 乗り出す
- 08 実験する
- 09 うちたてる
- 10 身につける

part 8 医療・福祉

- 01 ⑥
- 02 ⑤
- 03 ①
- 04 ③
- 05 ⑦
- 06 ③
- 07 ①
- 08 福祉
- 09 出産
- 10 保険

part 7 環境

- 01 ③   11 ②
- 02 ①
- 03 ②
- 04 ③
- 05 ①
- 06 ⑥ ⑤
- 07 ④ ①
- 08 ② ③
- 09 ③
- 10 ①

part 8 教育・スポーツ

- 01 ③
- 02 ②
- 03 ③
- 04 ①
- 05 ③
- 06 ②
- 07 ②
- 08 ③
- 09 ④
- 10 ②

解答

193

part 9 文化(Ⅰ)

1. ②
2. ④
3. ③
4. ④
5. ①
6. ④
7. ③

part 9 芸術

1. ②　11 ⑥
2. ③
3. ④
4. ③
5. ③
6. ②
7. ⑤
8. ③
9. ④
10. ①

part 9 文化(Ⅱ)

1. ②　11 天皇
2. ③
3. ①
4. ②
5. 神話
6. 語
7. 幕府
8. 階級
9. 制度
10. 政治

part 10 文学・言語

1. ②
2. ②
3. ③
4. ①
5. ⑥
6. ④
7. ①
8. ②
9. ③
10. ⑤

part 10 歴史

1. ③
2. ④
3. ④
4. ③
5. ②
6. ①
7. ②
8. ④
9. ③
10. ②

part 11 キャンパス用語

1. ①
2. ③
3. ③
4. ②
5. ①
6. ③
7. ③
8. ①
9. 学割
10. 合コン

part 12 就活用語

1. ④
2. ③
3. ①
4. ④
5. ④
6. ①
7. ②
8. ④
9. ①
10. ②

part 12 ビジネス用語

1. ④
2. ①
3. ③
4. ②
5. ②
6. ①
7. ①
8. ③ ④ ⑤
9. ⑥
10. ⑦ ① ②

解答

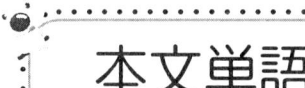
本文単語

*본문 단어를 오십음도(五十音図)순으로 정리하였습니다.

あ

번호	단어	분류
103	赤字/黒字 (あかじ/くろじ)	経済

い

번호	단어	분류
244	遺産(いさん)	文化・宗教
192	遺伝(いでん)	科学
211	医療(いりょう)	医療・福祉
173	印刷(いんさつ)	情報

う

번호	단어	분류
194	宇宙(うちゅう)	科学
134	売上(うりあげ)	産業
163	運賃(うんちん)	交通
235	運動(うんどう)	教育・スポーツ

え

번호	단어	분류
270	映画(えいが)	芸術
350	営業(えいぎょう)	ビジネス用語
195	衛星(えいせい)	科学
266	演劇(えんげき)	芸術
343	縁故(えんこ)	就活用語
110	円高/円安	金融

(えんだか/えんやす)

お

번호	단어	분류
240	応援(おうえん)	教育・スポーツ
161	往復(おうふく)	交通
26	親子(おやこ)	社会(Ⅱ)
264	音楽(おんがく)	芸術
204	温暖(おんだん)	環境

か

번호	단어	분류
263	絵画(かいが)	芸術
142	解雇(かいこ)	労働
220	介護(かいご)	医療・福祉
66	外交(がいこう)	国際
283	解釈(かいしゃく)	文学・言語
48	改正(かいせい)	法律
186	開発(かいはつ)	科学
206	海洋(かいよう)	環境
280	外来語(がいらいご)	文学・言語
132	価格(かかく)	産業
181	科学(かがく)	科学
13	格差(かくさ)	社会(Ⅰ)
229	学習(がくしゅう)	教育・スポーツ
84	核兵器(かくへいき)	軍事
328	学割(がくわり)	キャンパス用語(Ⅱ)
27	家計(かけい)	社会(Ⅱ)
28	家事(かじ)	社会(Ⅱ)
17	家族(かぞく)	社会(Ⅱ)
162	片道(かたみち)	交通
326	合宿(がっしゅく)	キャンパス用語(Ⅱ)

▼本文単語

번호	단어	분류
16	家庭(かてい)	社会(Ⅱ)
268	歌舞伎(かぶき)	芸術
114	株式(かぶしき)	金融
312	科目(かもく)	キャンパス用語(Ⅰ)
153	貨物(かもつ)	交通
113	為替(かわせ)	金融
196	環境(かんきょう)	環境
214	看護(かんご)	医療・福祉
182	観察(かんさつ)	科学
215	患者(かんじゃ)	医療・福祉
301	願書(がんしょ)	キャンパス用語(Ⅰ)
101	関税(かんぜい)	経済
43	官僚(かんりょう)	政治

き

번호	단어	분류
35	議員(ぎいん)	政治
33	議会(ぎかい)	政治
351	企画(きかく)	ビジネス用語
98	企業(きぎょう)	経済
169	記事(きじ)	情報
185	技術(ぎじゅつ)	科学
202	気象(きしょう)	環境
85	基地(きち)	軍事
51	義務(ぎむ)	法律
146	休暇(きゅうか)	労働
212	救急(きゅうきゅう)	医療・福祉
140	求人(きゅうじん)	労働
149	給料(きゅうりょう)	労働
226	教育(きょういく)	教育・スポーツ
309	教科(きょうか)	キャンパス用語(Ⅰ)
237	競技(きょうぎ)	教育・スポーツ

93	供給(きょうきゅう)	経済
321	教授(きょうじゅ)	キャンパス用語(Ⅱ)
32	行政(ぎょうせい)	政治
71	協調(きょうちょう)	国際
227	教養(きょうよう)	教育・スポーツ
72	協力(きょうりょく)	国際
171	記録(きろく)	情報
106	金融(きんゆう)	金融

く

번호	단어	분류
158	空港(くうこう)	交通
150	組合(くみあい)	労働
3	暮らし(くらし)	社会(Ⅰ)
76	軍事(ぐんじ)	軍事
82	軍備(ぐんび)	軍事

け

번호	단어	분류
60	刑/刑罰(けい/けいばつ)	法律
99	経営(けいえい)	経済
94	景気(けいき)	経済
91	経済(けいざい)	経済
55	警察(けいさつ)	法律
180	掲示板(けいじばん)	情報
256	芸術(げいじゅつ)	芸術
243	芸能(げいのう)	文化・宗教
131	経費(けいひ)	産業
348	契約(けいやく)	ビジネス用語
335	経歴(けいれき)	就活用語
19	結婚(けっこん)	社会(Ⅱ)
279	言語(げんご)	文学・言語

번호	단어	분류
217	健康(けんこう)	医療・福祉
179	検索(けんさく)	情報
345	研修(けんしゅう)	就活用語
188	原子力(げんしりょく)	科学
47	憲法(けんぽう)	法律
50	権利(けんり)	法律

こ

번호	단어	분류
201	公害(こうがい)	環境
304	合格(ごうかく)	キャンパス用語(Ⅰ)
307	講義(こうぎ)	キャンパス用語(Ⅰ)
95	好況/不況(こうきょう/ふきょう)	経済
157	航空(こうくう)	交通
330	合コン(ごうこん)	キャンパス用語(Ⅱ)
322	講師(こうし)	キャンパス用語(Ⅱ)
75	公式(こうしき)	国際
210	洪水(こうずい)	環境
159	高速(こうそく)	交通
151	交通(こうつう)	交通
356	購入(こうにゅう)	ビジネス用語
68	交流(こうりゅう)	国際
222	高齢(こうれい)	医療・福祉
61	国際(こくさい)	国際
245	国宝(こくほう)	文化・宗教
80	国防(こくぼう)	軍事
29	戸籍(こせき)	社会(Ⅱ)
23	子育て(こそだて)	社会(Ⅱ)
62	国家(こっか)	国際
34	国会(こっかい)	政治
64	国境(こっきょう)	国際

65	国交(こっこう)	国際
277	古典(こてん)	文学・言語
293	古墳(こふん)	歴史
250	固有(こゆう)	文化・宗教
141	雇用(こよう)	労働

さ

번호	단어	분류
354	在庫(ざいこ)	ビジネス用語
107	財政(ざいせい)	金融
56	裁判(さいばん)	法律
191	細胞(さいぼう)	科学
332	採用(さいよう)	就活用語
257	作品(さくひん)	芸術
298	鎖国(さこく)	歴
265	作曲(さっきょく)	芸術
208	砂漠(さばく)	環境
121	産業(さんぎょう)	産業
145	残業(ざんぎょう)	労働
205	酸性(さんせい)	環境

し

번호	단어	분류
274	詩(し)	文学・言語
238	試合(しあい)	教育・スポーツ
79	自衛(じえい)	軍事
11	市街(しがい)	社会(Ⅰ)
337	資格(しかく)	就活用語
123	自給(じきゅう)	産業
116	資金(しきん)	金融
198	資源(しげん)	環境
54	事件(じけん)	法律

111	市場（しじょう）	金融
209	地震（じしん）	環境
197	自然（しぜん）	環境
252	思想（しそう）	文化・宗教
44	自治（じち）	政治
176	視聴率（しちょうりつ）	情報
144	失業（しつぎょう）	労働
183	実験（じっけん）	科学
308	実習（じっしゅう）	キャンパス用語（Ⅰ）
323	指導（しどう）	キャンパス用語（Ⅱ）
230	児童（じどう）	教育・スポーツ
216	死亡（しぼう）	医療・福祉
333	志望（しぼう）	就活用語
97	資本（しほん）	経済
4	市民（しみん）	社会（Ⅰ）
352	事務（じむ）	ビジネス用語
139	社員（しゃいん）	労働
1	社会（しゃかい）	社会（Ⅰ）
96	自由（じゆう）	経済
251	宗教（しゅうきょう）	文化・宗教
118	収支（しゅうし）	金融
138	就職（しゅうしょく）	労働
160	渋滞（じゅうたい）	交通
30	住民（じゅうみん）	社会（Ⅱ）
255	儒教（じゅきょう）	文化・宗教
306	授業（じゅぎょう）	キャンパス用語（Ⅰ）
303	受検（じゅけん）	キャンパス用語（Ⅰ）
170	取材（しゅざい）	情報
38	首相（しゅしょう）	政治
21	出産（しゅっさん）	社会（Ⅱ）
22	出生（しゅっしょう / しゅっせい）	社会（Ⅱ）

349	出張(しゅっちょう)	ビジネス用語
172	出版(しゅっぱん)	情報
7	首都(しゅと)	社会(Ⅰ)
74	首脳(しゅのう)	国際
92	需要(じゅよう)	経済
135	省エネ(しょうえね)	産業
221	障害(しょうがい)	医療・福祉
233	生涯(しょうがい)	教育・スポーツ
327	奨学(しょうがく)	キャンパス用語(Ⅱ)
164	乗客(じょうきゃく)	交通
115	証券(しょうけん)	金融
24	少子化(しょうしか)	社会(Ⅱ)
272	小説(しょうせつ)	文学・言語
346	商談(しょうだん)	ビジネス用語
104	消費(しょうひ)	経済
127	商品(しょうひん)	産業
166	情報(じょうほう)	情報
67	条約(じょうやく)	国際
137	職業(しょくぎょう)	労働
339	書類(しょるい)	就活用語
299	資料(しりょう)	歴史
155	新幹線(しんかんせん)	交通
318	進級(しんきゅう)	キャンパス用語(Ⅱ)
49	人権(じんけん)	法律
5	人口(じんこう)	社会(Ⅰ)
213	診察(しんさつ)	医療・福祉
331	人事(じんじ)	就活用語
336	身上(しんじょう)	就活用語
314	申請(しんせい)	キャンパス用語(Ⅰ)
254	神道(しんとう)	文化・宗教
231	心理(しんり)	教育・スポーツ
86	侵略(しんりゃく)	軍事

本文単語

| 289 | 人類(じんるい) | 歴史 |
| 292 | 神話(しんわ) | 歴史 |

す

번호	단어	분류
15	水準(すいじゅん)	社会(Ⅰ)
273	随筆(ずいひつ)	文学・言語

せ

번호	단어	분류
52	税/税金(ぜい/ぜいきん)	法律
2	生活(せいかつ)	社会(Ⅰ)
42	政策(せいさく)	政治
122	生産(せいさん)	産業
31	政治(せいじ)	政治
316	成績(せいせき)	キャンパス用語(Ⅱ)
125	製造(せいぞう)	産業
200	生態(せいたい)	環境
41	政党(せいとう)	政治
126	製品(せいひん)	産業
36	政府(せいふ)	政治
190	生命(せいめい)	科学
6	世帯(せたい)	社会(Ⅰ)
39	選挙(せんきょ)	政治
305	専攻(せんこう)	キャンパス用語(Ⅰ)
236	選手(せんしゅ)	教育・スポーツ
290	先祖(せんぞ)	歴史
81	戦争(せんそう)	軍事
311	選択(せんたく)	キャンパス用語(Ⅰ)
130	宣伝(せんでん)	産業
324	先輩/後輩	キャンパス用語(Ⅱ)

(せんぱい / こうはい)

そ

번호	단어	분류
178	送信 / 受信 (そうしん / じゅしん)	情報
260	創造(そうぞう)	芸術
261	想像(そうぞう)	芸術
325	卒論(そつろん)	キャンパス用語(Ⅱ)

た

번호	단어	분류
234	体育(たいいく)	教育・スポーツ
133	代金(だいきん)	産業
281	題材(だいざい)	文学・言語
258	対象(たいしょう)	芸術
143	退職(たいしょく)	労働
207	大陸(たいりく)	環境
315	単位(たんい)	キャンパス用語(Ⅰ)
358	単価(たんか)	ビジネス用語
18	男女(だんじょ)	社会(Ⅱ)

ち

번호	단어	분류
53	治安(ちあん)	法律
8	地域(ちいき)	社会(Ⅰ)
156	地下鉄(ちかてつ)	交通
199	地球(ちきゅう)	環境
45	知事(ちじ)	政治
228	知識(ちしき)	教育・スポーツ
10	地方(ちほう)	社会(Ⅰ)
165	駐車(ちゅうしゃ)	交通

355	注文(ちゅうもん)	ビジネス用語
87	中立(ちゅうりつ)	軍事
148	賃金(ちんぎん)	労働

つ

번호	단어	분류
109	通貨(つうか)	金融
167	通信(つうしん)	情報

て

번호	단어	분류
341	適性(てきせい)	就活用語
154	鉄道(てつどう)	交通
147	転勤(てんきん)	労働
187	電子(でんし)	科学
242	伝統(でんとう)	文化・宗教
294	天皇(てんのう)	歴史
291	伝来(でんらい)	歴史

と

번호	단어	분류
105	統計(とうけい)	経済
117	投資(とうし)	金融
40	投票(とうひょう)	政治
70	同盟(どうめい)	国際
287	東洋/西洋 (とうよう/せいよう)	歴史
9	都市(とし)	社会(Ⅰ)
347	取引(とりひき)	ビジネス用語

な

번호	단어	분류
37	内閣(ないかく)	政治
88	内戦(ないせん)	軍事
344	内定(ないてい)	就活用語
90	難民(なんみん)	軍事

に

번호	단어	분류
302	入試(にゅうし)	キャンパス用語(Ⅰ)
177	入力(にゅうりょく)	情報
232	人間(にんげん)	教育・スポーツ

ね

번호	단어	분류
225	年金(ねんきん)	医療・福祉

の

번호	단어	분류
269	能(のう)	芸術
357	納期(のうき)	ビジネス用語
124	農産/水産(のうさん/すいさん)	産業

は

번호	단어	분류
276	俳句(はいく)	文学・言語
112	売買(ばいばい)	金融
296	幕府(ばくふ)	歴史
175	番組(ばんぐみ)	情報
58	判決(はんけつ)	法律
129	販売(はんばい)	産業

▼ 本文単語

ひ	번호	단어	분류
	262	美術(びじゅつ)	芸術
	310	必修(ひっしゅう)	キャンパス用語(Ⅰ)
	342	人柄(ひとがら)	就活用語
	284	批評(ひひょう)	文学・言語
	317	評価(ひょうか)	キャンパス用語(Ⅱ)
	259	表現(ひょうげん)	芸術
	282	描写(びょうしゃ)	文学・言語
	285	評論(ひょうろん)	文学・言語
	359	品質(ひんしつ)	ビジネス用語

ふ	번호	단어	분류
	249	風俗(ふうぞく)	文化・宗教
	248	風土(ふうど)	文化・宗教
	25	夫婦(ふうふ)	社会(Ⅱ)
	219	福祉(ふくし)	医療・福祉
	297	武士(ぶし)	歴史
	267	舞台(ぶたい)	芸術
	108	物価(ぶっか)	金融
	253	仏教(ぶっきょう)	文化・宗教
	83	武力(ぶりょく)	軍事
	241	文化(ぶんか)	文化・宗教
	271	文学(ぶんがく)	文学・言語
	300	文献(ぶんけん)	歴史
	89	紛争(ふんそう)	軍事
	288	文明(ぶんめい)	歴史

へ	번호	단어	분류
	14	平均(へいきん)	社会(Ⅰ)

번호	단어	분류
77	平和(へいわ)	軍事
57	弁護(べんご)	法律

ほ

번호	단어	분류
78	防衛(ぼうえい)	軍事
100	貿易(ぼうえき)	経済
295	封建(ほうけん)	歴史
353	報告(ほうこく)	ビジネス用語
189	放射能(ほうしゃのう)	科学
174	放送(ほうそう)	情報
168	報道(ほうどう)	情報
46	法律(ほうりつ)	法律
218	保健(ほけん)	医療・福祉
224	保険(ほけん)	医療・福祉
246	保存(ほぞん)	文化・宗教
278	翻訳(ほんやく)	文学・言語

み

번호	단어	분류
360	見本(みほん)	ビジネス用語
247	民族(みんぞく)	文化・宗教

め

번호	단어	분류
193	免疫(めんえき)	科学
338	免許(めんきょ)	就活用語
340	面接(めんせつ)	就活用語

ゆ

번호	단어	분류
69	友好(ゆうこう)	国際

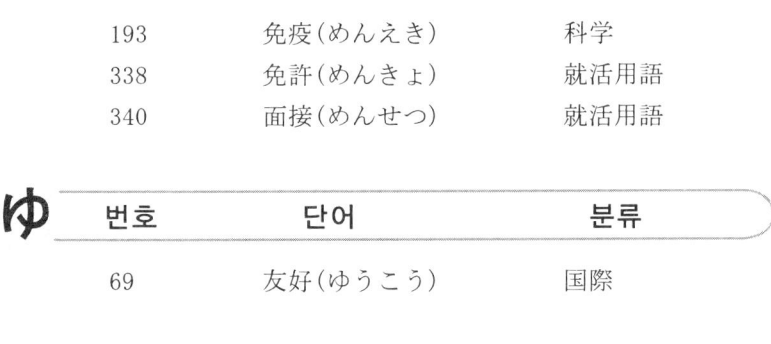

	59	有罪 / 無罪 (ゆうざい / むざい)	法律
	102	輸出 / 輸入 (ゆしゅつ / ゆにゅう)	経済
	152	輸送(ゆそう)	交通

よ	번호	단어	분류
	12	世論(よろん・せろん)	社会（Ⅰ）
	203	予報(よほう)	環境

り	번호	단어	분류
	119	利益(りえき)	金融
	320	理系 / 文系 (りけい / ぶんけい)	キャンパス用語（Ⅱ）
	20	離婚(りこん)	社会（2）
	120	利子(りし)	金融
	313	履修(りしゅう)	キャンパス用語（Ⅰ）
	128	流通(りゅうつう)	産業
	319	留年(りゅうねん)	キャンパス用語（Ⅱ）
	329	寮(りょう)	キャンパス用語（Ⅱ）
	73	両国(りょうこく)	国際
	63	領土(りょうど)	国際
	334	履歴(りれき)	就活用語
	184	理論(りろん)	科学

れ	번호	단어	분류
	286	歴史(れきし)	歴史
	239	練習(れんしゅう)	教育・スポーツ

ろ

번호	단어	분류
223	老人(ろうじん)	医療・福祉
136	労働(ろうどう)	労働

わ

번호	단어	분류
275	和歌(わか)	文学・言語

▼本文単語

한자로 익히는
중급 일본어

초판 1쇄 발행일 2013년 1월 7일

지은이 임명수 · 차일근 · 최석완 · 이마이 히사요시 · 하야시 도모코
펴낸이 박영희
편집 이은혜 · 유태선 · 정지선 · 김미령
인쇄 · 제본 태광인쇄
펴낸곳 도서출판 어문학사
　　　　서울특별시 도봉구 쌍문동 523-21 나너울 카운티 1층
　　　　대표전화: 02-998-0094 / 편집부1: 02-998-2267, 편집부2: 02-998-2269
　　　　홈페이지: www.amhbook.com
　　　　트위터: @with_amhbook
　　　　블로그: 네이버 http://blog.naver.com/amhbook
　　　　　　　다음 http://blog.daum.net/amhbook
　　　　e-mail: am@amhbook.com
　　　　등록: 2004년 4월 6일 제7-276호

ISBN 978-89-6184-287-7 13730
정가 13,000원

이 도서의 국립중앙도서관 출판시도서목록(CIP)은 e-CIP홈페이지(http://www.nl.go.kr/ecip)와
국가자료공동목록시스템(http://www.nl.go.kr/kolisnet)에서 이용하실 수 있습니다.
(CIP제어번호: CIP2012005853)

※ 잘못 만들어진 책은 교환해 드립니다.